$\mathcal{S}$*hijie Wenhuamingren Gujuxunli* 世 界 文 化

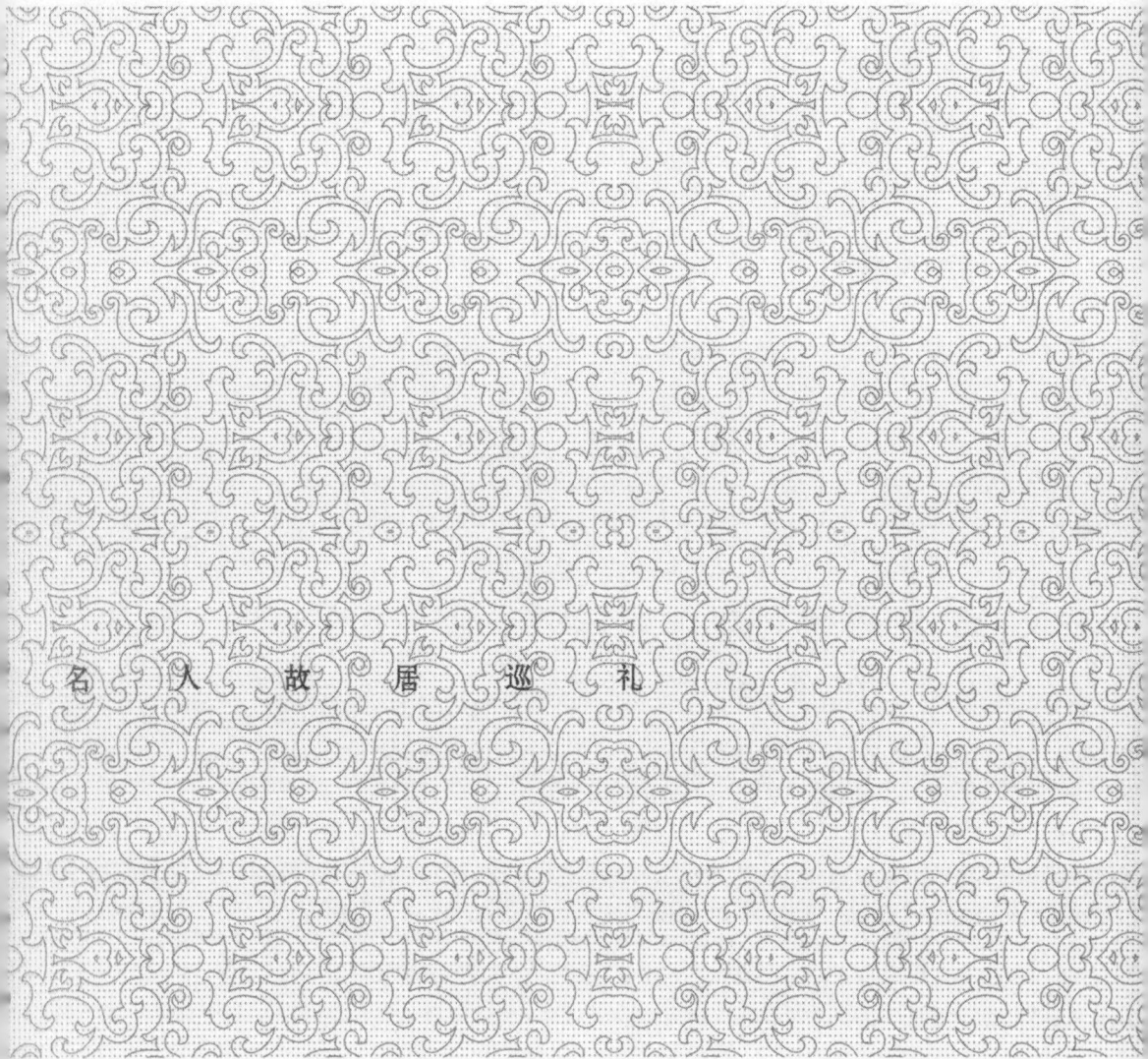

名　人　故　居　巡　礼

世界文化名人

Shijie Wenhuamingren Gujuxunli

故居 巡礼

胡志翔 著

百花洲文艺出版社
BAIHUAZHOU LITERATURE AND ARTPRESS

目录

Contents

学界泰斗和人世楷模

——寻访蔡元培先生故居和墓地

蔡元培（1868－1940）是中国近代史上著名的爱国主义者、民主革命家，也是中国杰出的教育家、思想家，奠定了我国新教育制度的基础。他历任教育总长、北大校长、中央研究院院长，为我国的教育、文化科学事业的发展，作出了卓越的贡献。

蔡先生出生于浙江省绍兴府山阴县城（现为绍兴市）笔飞街13号。该故居现被辟为全国文物保护单位。这是一座传统的绍兴台门建筑，道光年间为其祖父购置。坐北向南，前进一室二厅。座楼东为蔡先生的书房和卧室，陈列着当年的家私，包括他的书桌、书柜及家塾时的三张桌子。蔡先生幼年在这里开始他的学习。

大厅内有他的塑像，其旁的对联为"中国为一人，天下为一家"。

后进第一展厅讲述他在故乡度过的青少年时代。17岁中

◎ 蔡元培像（1904年在德国留学时）

秀才，23岁及26岁先后中举人和进士，28岁被授翰林院编修。厅内展出他朝考和殿试的部分试卷，还介绍了他1899年结识的杜亚泉。杜极力主张改良社会和革新政治，蔡先生任绍兴中西学堂时聘之为数理科教师。

第二展厅展出他分别与鲁迅、竺可桢的画像。1912年他通过许寿裳请鲁迅到教育部任职。1936年10月23日鲁迅丧礼时，蔡元培任主任委员，亲为执绋。他写的挽联为"著述最严谨，非徒中国小说史；遗言太沉痛，莫作空头文学家"。以后上海各界成立鲁迅纪念委员会，筹备出版鲁迅全集，他被推为纪念委员会主席。1938年与茅盾等编辑《鲁迅全集》，他在序中写道："他的感想之丰富，观察之深刻，意境之隽永，字句之正确，他人所苦思力索而不易得当的，他就很自然地写出来，这是何等天才！又是何等学力！"厅中展出这篇序的手稿。此厅也展出他的中国民权保障同盟会员证第三号。

以后按编年展出他各个历史时期的事迹。

1.从事民主革命投身教育事业

1901年蔡先生担任南洋公学特班总教司。南洋公学为上海交通大学前身。特班章程称："特设一班以待成材之彦之有志于西学者。课程重在西学。"黄炎培、李叔同等为学员。1902年创办中国教育会、爱国学社（1902年11月南洋公学学潮时，蔡先生随特班生一同退学。为接纳公学退学学生，

◎ 蔡元培故居（绍兴）

与中国教育会共同创办爱国学社），以后接办爱国女学。1903年创办《俄事警闻》。1904年组织光复会，被推为会长。1905年加入同盟会。1907—1911年去莱比锡大学深造，主要听讲《心理学》、《哲学史》、《文明史》、《文字史》、《美术史》等课程。

1912年3月29日中华民国诞生，被组阁的唐绍仪委任为教育总长。7月14日不满袁世凯专政，坚决辞去教育总长职。1915年与李学曾组织勤工俭学会，以"勤于工作，俭于求学，以促进劳动者之知识"为宗旨。

1916年12月正式任命为北大校长的任命状，是当年的大总统黎元洪签署的。1917年1月9日蔡元培发表就职演说，指出："大学者，研究高深学问者也"，着手整顿北京大学。旋即聘请陈独秀为北大文科学长，李大钊为北大图书馆主任，鲁迅为北大设计校徽图案。

2.兼容并包孕育新北大

1918年12月10日为《北京大学校刊》撰写发刊词，倡导思想自由，兼容并包。翌年4月2日复函教育部长傅增湘，再次强调兼容并包原则对学术的重要性。他还在《北京大学月刊》上称自己有两种主张：

（一）对于学说，仿世界各大学通例，循"思想自由"原则，取兼容并包主义——无论为何种学派，苟其言之成理，持之有效，尚不达自然淘汰之运命者，虽彼此相反，而悉听其自由发展。

（二）对于教员，以学诣为主，在校讲授，以无背于第一种之主张为界限。其校外之活动，悉听自由——例如复辟主义，民国所排斥也，本校教员中，有拖长辫而持复辟论者，以其所授为英国文学，与政治无涉，则听之。

还展出当年诸教授像：刘半农、钱玄同、周作人、马寅初及来访的俄国盲人作家爱罗先珂。

3.争取民主自由致力科学事业

蔡先生支持五四运动。展出他率领代表团与北洋政府交涉释放被捕学生的木刻作品。1919年5月7日徐世昌被迫释放被捕学生，蔡校长率全校学生欢迎勉慰他们。

1928年4月蔡元培被任命为中央研究院院长。1930年召开研究院年会。馆中展出他与研究院得力助手杨杏佛的合影。

1932年12月与宋庆龄、杨杏佛、黎照寰、林语堂等组织中国民权保障同盟。展出该同盟的宣言，揭露国民党任意践踏民主，摧毁人权，表示要为争取人民的民主自由权利而斗争。许德珩、侯外庐被捕时，报章刊出他为营救致电蒋介石的信。

1933年廖承志、史良、陈赓被捕，他也出力营救。何香凝致以感谢信。

也展出他与宋庆龄、鲁迅、杨杏佛同往德国领事馆递交抗议书，抗议

◎ 蔡元培塑像　　　　　　　　◎ 蔡元培书房

◎ 蔡元培与鲁迅画像

◎ 哀悼鲁迅的挽联

◎ 北京大学校长任命书

希特勒暴行的黑白画，及刊行于报纸的他在上海作的《日本对华政策》的讲演。

1933年2月萧伯纳访华时，在上海与宋庆龄、鲁迅、林语堂、史沫特莱的合影，是大家都熟悉的。

◎ 蔡元培先生之墓

4.功垂百世德跃千秋

1937年11月蔡先生由丁西林陪同离沪去香港，在九龙租屋居住。1938年2月28日在香港主持中央研究院院务会议。

1940年2月底感身体不适，3月5日于香港病逝。10日吴铁城主祭，治丧会主席王云五致悼词。追悼大会的照片上，执绋的包括当时的香港总督代表罗旭和爵士。蒋介石、林森均题词。全城学校、商店下半旗。中共中央于3月9日发出唁电。馆中也展出万余群众在南华体育场内公祭大会的巨照。

1968年先生百年诞辰纪念时，他的铜像揭幕于台湾的中央研究院。

1980年10月15日北京大学校园内，蔡先生的铜像落成。

蔡元培的墓地在香港仔华人永远墓场。墓表介绍了他的生平。落款是中华民国67年3月5日香港台湾*国立北京大学同学会敬立。2000年9月24日由商务印书馆（香港）主办祭墓活动，纪念先生去世六十周年。主礼嘉宾为香港中文大学副校长金耀基教授。北京大学代表、副校长陈章良教授及蔡先生后人蔡英多均先后致辞。

*该两地名并列

世界上最为人拥戴的女科学家

——造访居里夫人纪念馆

1935年11月23日在纽约市罗里奇（Roerich）博物馆举行的居里夫人的悼念会上，爱因斯坦说："我对她人格的伟大愈来愈感到钦佩。——她在任何时候都意识到自己是社会的公仆。她的极端的谦虚，永远不会给自满留下任何的余地。"她至今仍是世界上最著名最为人拥戴的女科学家。

玛丽娅1867年出生于华沙。她的父亲斯克罗多夫斯基先生曾在圣彼得堡大学学自然科学，后来在华沙一所中学教数学，在玛丽娅出生前不久，被任命为物理教师和副督学。母亲在女子中学毕业后，留在母校任教，很快当上这所中学的校长。

波兰在十八世纪末，先后三次被普鲁士、奥地利和沙俄瓜分。1863年波兰人民起义，历时28个月，以后沙皇政府成立"波兰王国事务委员会"。从此，波兰王国的下级政权和机构一律取消，城乡所有官府一律使用俄语，官办学校一律

◎ 居里夫妇像（1895年）

◎ 玛丽娅·斯克罗多夫斯基·居里纪念馆

用俄语教学。但学校机构中的教师，私下讲授波兰语和波兰历史。

1873年妈妈的肺病越来越重。沙俄派来的校长伊凡诺夫罢免了任职六年的斯克罗多夫斯基的副督学职务。他要自己去校外租房，他将租来的房子收了几个住宿的学生。1876年华沙流行斑疹伤寒，玛丽娅的母亲因肺病去世。当时她正在一家私立女子寄宿学校念五年级。以后姐姐布罗妮雅给了她母亲般的照应，这两姊妹在家庭中最为接近。

每星期六晚上，爸爸朗诵波兰著名作家的诗和散文。密茨凯维奇的长诗《塔杜施先生》中，流亡国外的诗人表达了对祖国热烈的怀念。又讲大科学家哥白尼的故事。玛丽娅最喜欢的纪念碑是波兰科学院前的哥白尼纪念碑。

1881年玛丽娅转学去公立高中（私立学校无资格发有效文凭），成绩总是全班第一。高中老师讲课时常常提到波兰的历史和优秀人物。即使是那位俄国老师也因玛丽娅成绩好，奖励她一本涅克拉索夫（1821－1877）的诗集，其意义深长。俄国老师也未必都忠于沙皇。

1883年6月玛丽娅高中毕业，获得了第三枚奖章。由于家里钱不足，玛丽娅身体也不够强壮，父亲让她去克拉科夫附近的乡下生活一年。这一年乡村生活培养了她对大自然的热爱，使她终身难忘。

自乡下回到华沙后，她找到家庭教师的工作，得以资助姊姊去巴黎读书。以后姐姐完成学业后再资助她升学。那些富有家庭傲气凌人，她也只能忍受。她结识了比她年长十来岁的中学女教师皮娅塞茨卡小姐。在她的帮助下，她开始熟悉实证主义创始人康德（Conte1798—1857）、哲学家斯宾塞（Spencer1820—1903）、巴斯德、达尔文及生理学家伯纳德（Bernard1813—1878）。她读了康德的《实证主义概论》、斯宾塞的《科学的起源》、《生物学原理》等，还和她的两个姊妹，参加一种公开的"流动大学"，听一些有学识的

◎ 居里夫人在实验室

教师讲课。也到工厂等地去传授知识。

1886年1月她去离华沙100公里的一个富有人家教两个女孩子，三小时火车加上4小时的雪橇路程。她给两姊妹上课之余，还给穷孩子扫除文盲。这家的大儿子从华沙大学回家度暑假时，爱上了这位谈吐优雅的女教师。正如无数中外小说那样，门第悬殊把鸳鸯拆散。那位父亲对大儿子训斥："我们绝不能同意你娶一个卑微的家庭教师。"因为这触动社会最根本的等级制度。

玛丽娅慢慢从打击中恢复过来，从失望和迷失中寻求前进的方向。她勇敢地继续在这大户人家任教。

1890年3月布罗妮雅从巴黎写信告诉玛丽娅，第二年她即可去巴黎读书，住在自己家。"我担保你两年后即可当学士。"父亲立刻要玛丽娅向表兄勃古斯基求助。勃古斯基正领导着一个"工业博物馆"。馆内有设备简陋的实验室，正是在这个实验室，玛丽娅遇见了著名的化学家门捷列夫（Mendeleiev1834-1907）。

1891年她去巴黎。当时的法国，无论是封建制度，或是资产阶级领导下的政府，都认识到科学的重要性，资助也十分优厚。在巴黎她进索尔本巴黎大学，为理学院学生，注册时以法文填了"玛丽·斯可罗多夫斯基"。由于姐姐家离索尔本太远，她在拉丁区另找了一间4楼顶的小阁楼。高强度的学习，简单的食物，终至有一天虚脱。姐夫认为这是由于饥饿引起，每天她仅仅靠3法郎度日。

1893年她以全班第一名的成绩，被授予物理学学士学位。

由于得到一笔"亚历山大奖学金"600卢布，她再次回到巴黎，参加李普曼（Lippmann1845-1921法国物理学家，1908年获诺贝尔奖）领导的科学研究。困难的是没有合适的实验室供她使用。这时一位瑞士来的物理学教授科瓦尔斯基在巴黎访问。这位教授也是波兰人，从小认识玛丽娅。他想起一位在理化学校工作的年轻教授可以帮助她。他指的就是比玛丽娅大8岁的彼埃尔-居里。彼埃尔18岁时成了

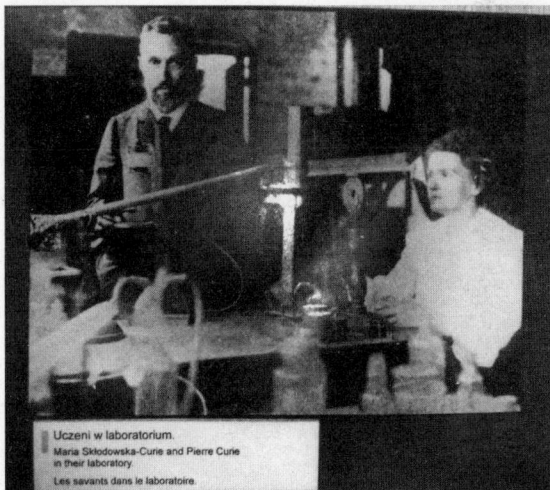

◎ 居里夫人在实验室

◎ 居里夫人在实验室

理科学士，23岁已被任命为巴黎市理化学校的物理实验室主任。

彼埃尔带玛丽去见理化学校校长，让她在彼埃尔实验室内做实验工作的请求获准。这两位年青人就天天见面，在实验室工作。

一个星期天，玛丽娅跟着彼埃尔去他家。两位老人很高兴儿子找到这么一位了不起的姑娘。两个家庭都重视文化科学知识的追求，都热爱大自然。玛丽娅的天才、勇气和埋头工作，深深地吸引了彼埃尔。

1894年7月玛丽娅以第二名的成绩，通过数学学士学位的考试。

她去波兰时，彼埃尔要她答应三个月后一定回巴黎。

1895年彼埃尔的博士论文通过，立即被任命为理化学校教授。7月26日两人结婚。1896年玛丽娅通过大学毕业生担任教师的资格考试。漫游法国归来后，她在理化学校得到一个职位，与彼埃尔一起在实验室工作。

在发现铀不是自发发出射线的唯一元素后，居里夫人提出"放射性"（Radioactivity）这一名词来描述此现象。由于在矿物中铀和钍的含量不能说明她观察到的异乎寻常的辐射强度，她设想更强的放射性当然表明有新元素存在。

1898年7月他们在铋的化合物里，找到一种新元素。为了纪念祖国，将之称为钋（Polonium），论文为《沥青铀矿中的一种新的放射性物质》。

1898年12月的第二篇文章《论沥青矿中含有的一种放射性很强的物质》中，指出在沥青铀矿的含钡化合物里，找到了一种新元素，它的氯化物的放射性，要比类似的铀化合物强900倍，建议将此元素称为镭。镭的发现为科学家提供了比铀强几万倍的射线源，因而使放射线的研究变得活跃起来。

为了提炼出纯净的钋和镭，居里夫妇在以后的四年中，进行了科学史上最艰苦的奋斗。因为沥青铀矿十分昂贵，他们想到可利用沥青铀矿的矿渣。一位奥地利教授为他们从圣约阿希姆斯塔矿那儿弄到一吨矿渣，不过他们得借钱支付运费。理化学校校长同意用一个暂不用的仓库可存放这吨矿渣，大部分炼制工作必须在院子的露天地里进行。无怪得美国物理学家里塞格雷认为该实验室如同一间漏雨的棚房。

玛丽娅从矿渣中提取纯的镭盐。她每次要把20公斤矿渣放进锅里加热至沸，然后把这些溶液倒进另一个罐子。由于没有通风罩，这道工程要在院子里露天进行。为此彼埃尔放弃了使他入迷的晶体研究。

1900年日内瓦大学有意请彼埃尔当物理学教授。法国数学界的头面人物彭加勒向有关方面商量，于是巴黎大学文理学院聘请彼埃尔为副教授，居里夫人被接纳到赛福尔女子高等师范学院当教授。他们在法国留了下来，但实验条件毫无改善。

居里夫人用她自己创造的分体结晶法，从每吨沥青矿渣中提取10至20公斤的硫酸钡，然后将之变成氯化物。这些氯化物的含镭量约为万分之三。

1902年终于将提炼出来的0.1g纯净镭盐送到德马赛那里，请他检验是否纯净。3月28日她记下的原子量是225.93。这第1克的镭，她将之赠给她的实验室。以后正式出售的镭，是1克75万金法郎。

1902年5月赶回华沙，认为自己最大的快乐来自

◎ 实验室设置

◎ 居里夫人纪念碑（华沙镭研究所）

女儿的父亲已去世。

1903年6月25日居里夫人论文答辩。论文有一百页，题目是《放射性物质的研究》。评审委员会主席李普曼教授宣布巴黎大学授予居里夫人物理学博士学位，并给以"极优"的评语。

鲁迅于10月10日以"自树"的笔名在《浙江潮》月刊上发表介绍镭的文章。11月5日英国皇家学会授予居里夫人戴维奖章（Davy Medal）。

11月14日瑞典科学院常务秘书通知居里夫妇，由于对放射性和放射现象的发现所作的杰出贡献，该年度诺贝尔物理奖的一半将授予他们。夫妇同时获奖，是诺贝尔奖金史上唯一的一次。因健康问题，法国公使代表他们从瑞典国王手上领取奖状和金奖章。以后新闻记者纷至沓来。法国总统卢贝（Emile Loubet）也来棚屋参观——使他们劳累不已。

◎ 居里夫妇墓地

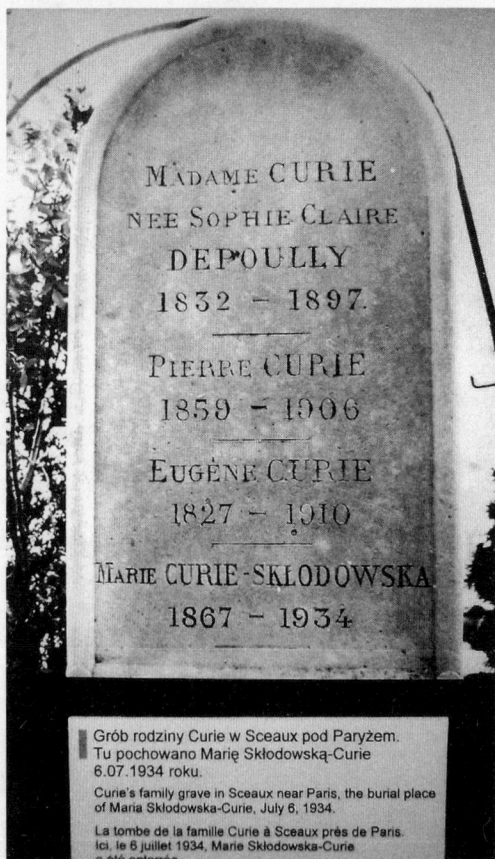

居里夫妇放弃了生产镭的专利，正如十多年前伦琴（Rontgen1845－1923）也拒绝了X线专利权的建议。居里夫妇不仅把所掌握的有关镭的知识，告诉给所有来求助的人，还把艰苦劳动所得的镭盐无偿地送给许多医院。1905年2

月把再次提炼的一克镭盐送给维也纳医院，以感谢当年奥地利政府慷慨供应沥青矿渣。

1904年10月彼埃尔被任命为理学院新设物理学讲座正教授。11月居里夫人被任命为物理实验室主任。1905年7月彼埃尔终于被选为科学院院士，巴黎大学才决定拨款为他修建两间实验室。

1906年4月19日彼埃尔在穿马路时被马车撞倒身亡。警察从伤重不治者身上的名片，才知是院士。居里夫人6时回家时得知噩耗。

4月21日下葬。居里夫人坚持不举行任何仪式，只有为数不多的亲友来。教育部长白里安不顾居里夫人婉拒，悄悄加入送葬者行列。

法国政府主动提出发放国家抚恤金，如十一年前对巴斯德遗孀那样，但居里夫人拒绝了。

5月理学院会议决定保留为彼埃尔-居里开设的教席，让居里夫人以代课的名义继续授课。这是法国第一次把最高教职委任一位女性。

1907年居里夫人提炼出400毫克氯化镭。1910年终于提炼出纯金属镭元素。那些怀疑镭是一种化合物的人，即使是英国著名科学家开尔文（Lord Kelvin1824－1907，热力学奠基人。他曾特地自英国赶来为彼埃尔送葬），也无法再反驳。

1908年整理修订后出版《彼埃尔·居里的著作》，厚达六百页。她自己的两本专著《论放射性》也于1910年出版。

1910年底在数位法国著名科学家支持下，她申请为法国科学院院士候选人。但院士的竞选竟然扯到女性和民族问题上去了（德雷福斯事件即在那时期发生）。发明无线电的布朗利（Branly）以三十票当选，居里夫人以二十八票落选。

1911年在布鲁塞尔召开第一届索尔维会议，由比利时企业家索尔维创立的国际物理研究所主持。期间玛丽对爱因斯坦的论文极支持。在1911年，她将21毫克纯氯化镭封好后，送去巴黎附近的国际度量衡标准局，此即后来通用的计量标准。

她测量出放射能量的单位。每秒钟1克纯镭自然射线的能量，被定为1居里。

1911年12月居里夫人与姐姐布罗妮雅，带上大女儿伊伦娜来到斯德哥尔摩。瑞典皇家科学院院长在授奖时指出："镭和钋的发现——导致科学的一个新分支的诞生，即放射学的诞生"，"在颁发诺贝尔奖的十一年里，这是第一次将殊荣颁给以前的获奖者"。

居里夫人在演说中，赞扬了前人贝克勒尔（Becquerel1852－1908法国物理学家，1896年发现铀的放射性）和卢瑟福（Rutherford1871－1937英国物理学家，研究原子结构和放射现象）的贡献，也提到钋和镭是由彼埃尔和她共同发现的。在放射性领域中，有几种基本研究要归功于彼埃尔，由他独立或与他的学生们共同完成的。离析纯镭盐以及断定它是一种新元素的工作，是她自己完成的。她的演说既驳斥了一些轻视女性者的中伤，也表达了对丈夫的尊重和思念。

1912年5月一个波兰教授代表团，给她带来了波兰作家显克微支（Sienkiewicz1846－19161905年获诺贝尔文学奖）的一封信，欢迎她回祖国工作。她在回信中，请他们原谅她不能即刻回祖国。她会尽最大努力指导波兰科学家，在华沙建立一个放射学实验室。

巴斯德研究所与索尔本大学同意共同建立一所镭研究所，包括两个部门：一个部门为研究放射学的实验室，由居里夫人领导；另一个部门为研究放射疗法和生物学的实验室。

1914年8月战火纷飞中，居里夫人自巴黎坐火车去临时首都波尔多，将1克的镭存放在银行保管箱。一战期间她弄到了汽车和资金。每辆汽车都装上一台小发电机，一台手提X射线机及必要的照相器材，并配备了医生、助手、司机各一名。她装置了二十辆这样的汽车，还装备了二百个X射线室。她常常自己开车，在战场上奔驰。又办X线机技术人员和放射科护士的短期训练班。战争结束后她写了本

《放射学与战争》。

1919年3月凡尔赛和约签字后三天，罗曼·罗兰发表《精神独立宣言》，号召知识分子联合起来，防止新战争。高尔基、爱因斯坦赞成，居里夫人、萧伯纳反对。

1921年5月20日美国总统哈定受托于白宫会客厅，代表妇女界赠送给居里夫人一克镭。总统夫人、法国大使、波兰公使和居里夫人的两个女儿都参加了。这是一年前美国著名杂志《写真》（The Delineator）记者麦隆内夫人（Meloney）访问问起居里夫人最大心愿时，居里夫人答以为了继续研究，需要一克镭，以后麦隆内夫人向美国妇女募捐而购得。赠前居里夫人还连夜找律师修改文件，明确把镭赠予实验室，并非给她本人。

以后六个星期从东到西，在美国各地参观著名大学和实验室，接受包括哥伦比亚大学、耶鲁大学在内共十九个大学的名誉学位。麦隆

◎ 居里夫妇骨灰迁葬先贤祠的盛大仪式

内夫人还请裁缝为她赶制了一套长袍和一顶方帽。

1922年2月，居里夫人自动当选为巴黎医学科学院的"自由合作"院士。5月国联理事会请她担任国际文化合作委员会委员，不久又当选为副主席。她进行了一系列改革：统一科学符号和术语，统一科学出版物的开本，统一各杂志发表的著作摘要，拟定各种常数表……

1923年居里基金会庆祝镭的发现25周年，议会两院一致通过给居里夫人4万法郎年金作为国家酬劳，并规定她的两个女儿有继承权。教育部长莱昂·贝哈尔还特地指出："政府和议会两院不得不决定承认居里夫人的谦虚和大公无私。"

她要在华沙创建一所镭研究所，人们争相筹款。1925年奠基典礼

◎ 哥白尼纪念碑

◎ 先贤祠内居里夫妇陵墓的说明

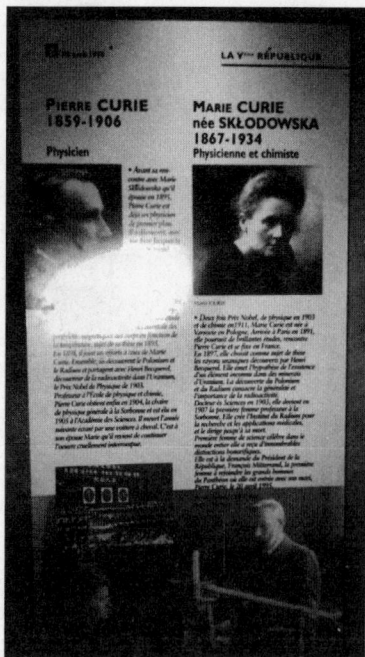

上，研究所的第一块砖是总统砌的，居里夫人砌第二块，华沙市长砌第三块——建成后无经费买第一克镭。1929年10月前往纽约接受美国馈赠的又一克镭时，胡佛总统主持仪式，还邀请居里夫人住在白宫。居里夫人也与麦隆内夫人8年后重逢。她生日时收到无数鲜花、书籍和礼物。参观劳伦斯大学时，大门上饰有她的浮雕石像。

1932年华沙镭研究所开幕，这是她最后一次返回祖国。

1934年5月的一个下午，她感到不适而入院。7月4日去世。死因是白血病，这显然与长期接受辐射有关。

全世界报道她去世的消息，各国大学、科学家、研究机构纷纷发来唁电。中国北平研究院院长蔡元培也致唁电（1921年3月8日居里夫人在巴黎曾会见蔡先生）。镭学研究所所长严济慈在大公报上发表《悼居里夫人》。

7月6日被安葬在Sceaux的彼埃尔的家族墓地里。姐姐布里妮雅和哥哥约瑟夫从波兰带来一抔祖国的泥土，撒在她的棺木上。

华沙古城附近弗莱塔街16号是一座十八世纪的建筑，玛丽娅·居里在此诞生。这座三层楼房棕色大门旁的灰白色墙上，镶嵌着的铜牌上刻着"玛丽娅·斯克罗多夫斯基纪念馆"。1968年1月23日居里夫人百年诞辰纪念时，波兰化学协会将她的故居建为纪念馆（1924年起居里夫人即为化学协会名誉会员）。开幕典礼时她的女儿艾芙及其丈夫，和9位诺贝尔奖获得者也参加。

馆内展出图片、文件、实验室设施和个人物品，阐明了她一生和谐地投入科学、家庭及社会活动三个方面。

二楼门厅墙上悬挂着她1911年获得的诺贝尔化学奖证书的放大复制件。接着展出她作研究时的照片：手持试管观察、伏案疾书、端坐小桌前凝视……也展出她与居里一起在实验室工作的照片和油画，甚至木制的小模型；还展出当年用的仪器和讲课时的提纲。

她多次参加科学工作者会议，会见各界人士。1927年在布鲁塞尔召开的索尔维国际物理学会议，她与爱因斯坦、郎之万都参加了。也展出1921年美国总统哈定接见她的照片。

她热爱自然、花朵、绿树、新鲜空气、山中散步、海里游泳、骑自行车——必要时在战场上驾驶装有X射线机的救护车。

爱因斯坦认为她是他唯一所知的，不沉醉于追求美名的人。

1992年法国社会事务部长韦伊夫人建议将居里夫人的遗骸迁往先贤祠，居里的家属希望居里夫妇合葬。国家批准此建议。1995年4月20日居里夫妇的遗骸自巴黎郊区公墓迁葬，共和国卫队护送，密特朗总统主持典礼，波兰总统瓦里萨应邀参加。

先贤祠入口上方刻着"祖国念先贤"。居里夫人是在此安眠的唯一的女性，也是唯一的并非出生于法国的人。

旅游资料

· **居里夫人纪念馆（华沙）**
· **地　　址**：弗莱塔街16号UlFreta16
· **开放时间**：星期二至星期六10：00 - 16：00
　　　　　　　星期日10：00 - 14：00
　　　　　　　星期一闭馆

印象主义派音乐家

——走访德彪西纪念馆和墓地

德彪西（Claude Debussy1862－1918）生于巴黎附近小镇圣日耳曼昂雷一个贫困家庭。幼年时萧邦的钢琴老师弗勒维尔夫人（Fleurville）欣赏他的天才，义务教他弹钢琴。

1872年考入巴黎音乐学校，开始他正规的音乐学习。1880年在作曲班上为恩奈斯特·吉洛（Ernest Guiraud）老师赏识，并引为知己。这位恩师是追随法国作曲家比才（Bizet1838－1875）及马斯奈（Massenet1842－1912）的主流派法国作曲家，在德彪西因骄傲险遭退学时庇护他。上学时代德彪西敬仰柏辽兹（Berlioz1803－1869法国作曲家）的作品及马斯奈的歌剧，又曾在古诺（Gounod1818－1893法国作曲家）指挥的合唱会上任钢琴伴奏，古诺很喜欢他。

1879－1882年他在梅克夫人（Nadezhdavon Meck曾是柴科夫斯基的赞助人）家当家庭教师。她带他去佛罗伦萨、威尼斯及维也纳旅行，在威尼斯时见到瓦格纳。梅克夫人将他的《波希米亚舞曲》寄给柴科夫斯基。柴科夫斯基说写得不错，只是太短了。

1884年以《浪子》获得罗马大奖。1885年去罗马学习二年。在罗马及米兰分别遇见李斯特及威尔第。当时他爱读波德莱尔（Baudelaire1821－1867法国诗人）、莎士比亚及斯宾诺莎的作品。1886年创作交响组曲《春天》。

1887年回到巴黎，与诗人彼埃尔·路易（Pierre Louys）交往。在拜莱（Edmond Bailly）的名为"独立艺术图书"的书店里或在象征主义诗人马拉美（Stephane Mallarme）家中，以及在黑猫咖啡室的周五文学聚会上，经常与艺术家、雕塑家、画家、诗人一起琢磨。他勤于思索，希望能在音乐中，把各门艺术融为一体。

1888及1889年二次去拜鲁伊特观看歌剧，成为瓦格纳的崇拜者。李斯特的钢琴技巧与瓦格纳的作曲手法，对他深有影响。

1891年完成《苏格兰进行曲》。1894年根据马拉美的诗，完成《牧神午后前奏曲》。这是作曲家第一部有代表性的印象主义作品。这部印象主义的典范作品，显然受到印象派画家莫奈和塞尚的影响。首演时受到欢迎，成为他第一部真正成功的作品。马拉美听后即兴在一份乐谱上写了：

如若牧笛演奏优美

森林的精灵之气将会

听到德彪西为他注入的

所有的光线

1895年去伦敦旅行。在英吉利海峡遇见法国作曲家圣·桑，共度了一段欢乐的时光。

1901年他的《夜曲》三乐章（"云雾"、"节庆"、"海上女

◎ 德彪西塑像

◎ 德彪西纪念馆

妖"）全部上演。"全曲由水的溅泼声组成"，获得空前成功。布鲁克纳（Bruckner1824－1896奥地利作曲家）称德彪西专注于表达他所追寻的梦境中超脱世俗的印象。

比利时作家梅特林克（Maurice Maeterlinck1862－1949）对于命运掌握个人生命的力量深感兴趣。德彪西读了他的《佩利亚斯与梅丽桑德》（Pelleaset Melisande）后，专程去根特（Ghent）访问他。梅特林克授予德彪西全权可对该作品作必要的删节。1902年德彪西完成同名歌剧。首演时罗曼·罗兰说这是法国音乐史上杰出的成就之一。但由于更换女主角演员，作曲者与剧作者发生争执。梅特林克在费加罗报上声明，表示与该剧制作断绝关系。

此歌剧使德彪西一夜成名，他以该作品将法国歌剧从瓦格纳的影响中解放出来。法国政府颁给他荣誉十字章。

1905年完成《海浪》（LaMer），副标题为三首交响素描：（1）海上，从黎明到中午（2）海浪嬉戏（3）风起海舞。该作品部分灵感来自日本画家北斋以抽象的风格作的一幅《海浪》版画。该画也为此乐谱出版时的封面。

1906-1908年的《儿童天地》，是他为正学钢琴的女儿所写。1910年他被委任为巴黎音乐学院音乐部最高委员会委员。该年纽约大都会歌剧团在巴黎城堡歌剧院登台，彼此都仰慕已久的德彪西与托斯卡尼尼满怀热情地会面。他感谢托斯卡尼尼将《佩利亚斯与梅丽桑德》介绍给意大利人，并安然承受各种反应，包括1908年在斯卡拉大剧院引起的一场暴动。

1911年为意大利诗人邓南遮（D'Annunzio1863-1938）的《圣塞巴斯蒂安的殉难》作曲，具瓦格纳式和法国大歌剧的特质。同年会见理查·施特劳斯。

1912年完成交响小品《意象集》，包括《伊比利亚》、《春之

◎ 北斋的版画《海浪》

◎ 德彪西与萧颂　德彪西为朋友们弹琴

轮舞》及《基格舞曲》。1913年的芭蕾舞剧《游戏》，只获得少许好评。1915年完成一组十二首钢琴练习曲，及《大提琴奏鸣曲》和《长笛、中提琴、竖琴奏鸣曲》。

1917年完成最后一部作品《小提琴奏鸣曲》。9月与小提琴家普雷（Poulet）一起演奏该曲，这是他最后一场演奏会。1918年3月25日在一场空袭时去世。法国教育部长走在送葬行列前面。先是葬在巴黎的拉雪兹神父公墓，以后迁葬帕西墓园（Cimetierede Passy）。

印象派音乐是连接浪漫派音乐与现代派音乐的一个环节，开辟了梦幻般的音乐意境。音乐上的印象主义是在象征主义文学和印象主义绘画的双重影响下发展起来的。

德彪西认为既然象征主义者能用隐喻、暗示和尖刻的诗篇来表达人们精神世界中的种种感受，那么他也能用含蓄、清淡、深刻的音乐语言表达现实世界中的种种现象。他开创以诗和散文谱曲的新风格，包括对朦胧气氛和幻想印象的感受。

印象派绘画的特色在于以光和色彩为主要表现手段，借助光和色彩的变幻，来表现作者从一个飞逝的瞬间所捕捉到的形象。

印象派音乐的主要表现手段是音响和音色。音响的强弱是自然界中光线强弱的音乐表现，音色的变化是光线照射物体的音乐描绘。朦胧的色彩，模糊的轮廓，难以分辨的色调变化，都是印象派音乐的标志，开辟了一个梦幻般的音乐意境。创造音乐中光和色彩新理论的德彪西，开辟了象征派音乐之路。

德彪西常在桥上观察阳光在一天不同时刻投射在塞纳河的水波中的倒影。无怪乎二十世纪的艺术评论界中，不少人将德彪西与印象派画家莫奈这二位大师放在一起分析。两人虽未见过面，但互相尊重，原因即在于艺术气质上相通。

印象主义音乐较印象派绘画创作时间晚。莫奈创作《水中倒影》时，德彪西才7岁，德彪西43岁时创作钢琴曲《水中倒影》。莫奈以

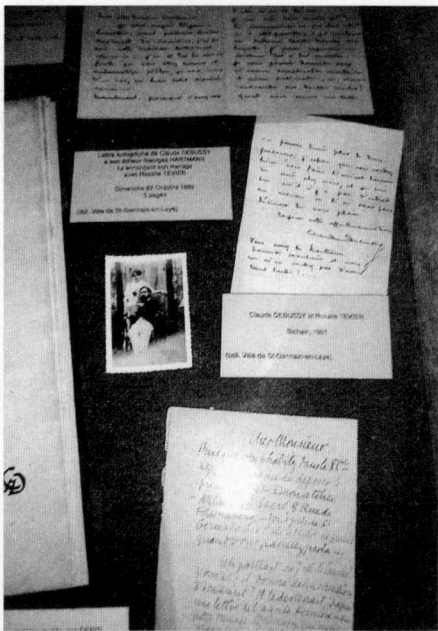
◎ 德彪西给莉莉的信及与她的合影

明暗色彩对比的手法描绘在水面上的光线，德彪西以音色对比的手法表现这一景物，同样是波光粼粼，涟漪不绝，显得两人风格上的一致。德彪西的创作原则是"捕捉某一事物瞬间景象的特质，将其变化着的外观以流动着的音乐与之相称"。

他在管弦乐作品中，试图描绘大自然确切的内涵。"我把神秘的大自然当作我的宗教"。他聆听大海的声音、树叶的风声、鸟鸣等。他的作品中处处可见与大自然有关的标题：春天、月光、雾、落叶、倒影……在他的钢琴音乐中，大海是可以听闻的。

人们对他音乐的了解，往往从他的钢琴作品开始，他也的确偏爱钢琴。他不仅创作出可观的优秀钢琴作品，也为钢琴艺术拓展了新的领域。在演奏风格上他与萧邦相似。

受他影响较深的作曲家是斯特拉文斯基（Stravinsky1882－1971俄国作曲家）、拉威尔（Ravel1875－1937法国作曲家）、巴托克（Bartok1881－1945匈牙利钢琴家、作曲家）、梅西昂（Messiaen1908－1992法国作曲家）。

德彪西喜欢阅读字典，这提高了他掌握语言和文字的能力。他经常为报刊写音乐评论文章，叙述自己的音乐观点，这带给他不少欢乐。法国作家普鲁斯特敬仰他的音乐，他的著名小说《追忆逝水年华》中的人物Vinteuil，据说即以德彪西为蓝本。

在他出生的城镇圣日耳曼昂雷旅游办事处的楼上，即是德彪西纪念馆。展出他的像、半身塑像及死后面模，以及他童年时的照片，演出时的礼服。也展出他与作曲班老师萧颂（Ernest Chausson1855-1899）在瑞士卢塞恩（1893）的合影。马蒙退尔（AntoineMarmontel1816-1898）教他钢琴课程，也是经他结识梅克夫人。馆内还专文介绍了他幼年时的老师弗勒维尔夫人。

德彪西对美国作家爱伦坡（Edgar AllanPoe1809-1849）极为喜欢。纪念馆由展出他根据爱伦坡的小说《亚夏家的没落》（Fall of the House of Usher）作的曲谱。他与大都会剧院订了演出合同，但未能完成。根据爱伦坡的另一小说《钟楼里的魔鬼》之作曲同样未竣工。

日本画家北斋的版画《海浪》，作为德彪西同名交响素描乐谱出版时的封面。画中浮现出的映象与德彪西的脑海中要表达的画面，汇成了《海浪》的末乐章。

展出他夫人莉莉（Lilly，全名为罗莎莉·泰西埃Rosalie Texier）

◎ 德彪西墓地

的画像及德彪西给她的信。他们于1899年结婚。1903年因教钢琴德彪西结识他所教学生的母亲爱玛·巴泰克（d'Emma Bardac），两人于1904年私奔，1905年还逃去泽西岛。德彪西提出要与莉莉分手时，莉莉将子弹射向自己的胸口。她被送去医院后，德彪西未去探望过，也未为之付医疗费，倒是他的朋友们筹款帮她。

帕西墓园近巴黎的地铁站Trocadero，半圆形的墓碑犹如一座枱钟，顶部刻着德彪西的姓名。

旅游资料

德彪西纪念馆（圣日耳曼德St.Germain-en-Laye）
地　　址：38ruean Pain
开放时间：星期二至五14：00-18：00
　　　　　星期六10：00-12：3014：00-18：00
交　　通：自巴黎搭RERA火车去St.Germain-en-Laye。
　　　　　下车后走去旅游办事处仅数分钟。

二十世纪杰出的民族主义音乐家

——走访西贝柳斯之家

西贝柳斯（Jean Sibelius1865-1957）这位芬兰作曲家，被认为是二十世纪最伟大的交响乐作曲家之一。他的交响曲充满浓郁的民族情调。《芬兰颂》广为人知，名扬天下。

1865年12月8日西贝柳斯出生于芬兰海门林纳镇（Hameenlinna）一个医生家庭。少年时一心想成为小提琴大师。1885年放弃学习法律，入赫尔辛基音乐学院。院长魏格柳斯（Martin Wegelius）教他正统的作曲原则，既是他的导师，也是他的好友，且鼓励他出国深造。

在柏林听了芬兰作曲家卡约努斯（Kajanus）的《艾诺交响曲Aino Symphony》，激发了他对芬兰民族史诗《卡莱瓦拉Kalevala》的创作灵感，埋下了民族主义的种子。

以后去维也纳，更深入地了解贝多芬，也欣赏布鲁克纳（Bruckner1824-1896奥地利作曲家）的交响曲。

1891年回到芬兰，根据芬兰史诗《卡莱瓦拉》的部分篇章，写了《库勒沃交响曲Kullero Sym.》。该曲深受俄罗斯传统影响。1892年他亲自指挥首演成功。但他不再让该曲上演，原因不明。

1892年与出身于芬兰爱国将领家庭的艾诺（Aino）结婚。

原想作为歌剧《造船》序曲的一段管弦乐旋律，于歌剧被弃置后一直保留在《图内拉的天鹅The Swan of Tuonela》中。它的特色是乐曲的旋律结构，尤其是天鹅唱出哀歌时，中音双簧管奏出长而旋绕不已的不对称旋律。此种乐曲表演方式，后来成为西贝柳斯的特色。

1898-1899年完成《E小调第一交响曲》，4月28日他亲自指挥首演。这是第一首建立他音乐史上名声的作品，作品显然受到柴可夫斯基和俄罗斯民族乐派的影响。第一乐章抒述北国大自然的幽静，第二乐章显示充满爱国激情的英雄没有获胜，第三乐章是充满热情的诙谐曲，第四乐章在重现北国悲歌的阴影后以狂风暴雨结束。

俄国当局发表二月宣言后，对芬兰人民进一步施压。1900年西贝柳斯创作了多首爱国歌曲。该年发表了为受压迫的芬兰人民而作的《芬兰颂Finlandia》，向全世界诉述这个沙俄统治下的小国为生存而进行的斗争。该曲有一段时期被沙俄禁止在芬兰演出。

1901年自意大利归途中，去布拉格会晤德沃夏克。回国后参加海德堡音乐节，与理查·施特劳斯成为知己。随后开始创作第二交响曲。1902年3月8日的首演也是成功的，触动了芬兰人民的心弦。

1903年完成《小提琴协奏曲》，显示早年希望成为国际小提琴大师的心愿。该乐曲的柔板乐章，是世界著名小提琴协奏曲中美妙的浪漫曲之一。该曲1905年1月在柏林首演时由理查·施特劳斯指挥。

1905年为比利时法语作家梅特林克的《佩利亚斯与梅丽桑德Pelleaset Melisande》配乐，使他声望益甚。其中一段名为《在城门边At the Castle Gate》更是名扬一时。

《第三交响曲》被认为是他的交响乐中最为古典的一章。1907年

◎ 西贝柳斯像

在赫尔辛基首演，演出未受到欢迎使他失望，称之为"我钟爱我不幸的孩子"。

1908年为瑞典作家斯特林堡的《白天鹅》配乐。同年他的喉部出现肿瘤，以后长期生活在对癌症的恐惧中。

1912年最有代表性的《第四交响曲》在伯明翰首演，由他亲自指挥。同一时期完成交响诗《森林精灵》、《游吟诗人》。1912年又在英国完成《隆诺塔尔》（Op.70），一首女高音配上管弦乐的作品。

1913年访问美国，耶鲁大学赠他荣誉学位。1914年在美国指挥根据荷马史诗改编的交响诗《大洋的女神》。

1915年12月五十大寿时《第五交响乐》首演，沙皇授予他教授头衔。

1918年谱写爱国主义的合唱作品《祖国》。

《第七交响曲》以生命的欢愉和活力为主题，以宏伟的单乐章写成。名指挥家斯托考斯基在美国指挥该曲。勋伯格（Schonberg1874-1951奥地利作曲家）认为西贝柳斯与萧斯塔柯维奇

◎ 西贝柳斯之家

◎ 客厅

（1906-1975）同为当代最伟大的交响乐作曲家。

《塔彼奥拉Tapiola》讲的是芬兰神话中的北方森林之神，这是他最后一首也是最成功的交响乐。1925年月的《暴风雨》是他最后的戏剧配乐。《第八交响曲》未见闻世，很可能是胎死腹中。

西贝柳斯认为自贝多芬以后，除了勃拉姆斯以外，其他所谓交响曲，或多或少是交响诗。（交响诗灵感来自民族的诗篇。交响曲不论构思或表现，仅取决于音乐，而没有文学上的考虑。）因为作曲家多半会说明他们写此曲时的想法，或者提示观察一个想象的方向。他自认理想不大，他的交响曲绝不用文学作基础。

自50岁起他的生日被定为国定休假日。1926年起进入退休状态。1934年正式宣布退休。以后30年中他的健康还不错，但他酗酒成瘾。他健谈，但不谈自己的音乐。他不知道他的音乐仍受到大众的注意和支持，特别在美国，他主要的拥护者是英、美的指挥家。德国的指挥家多不支持他，在南欧也不出名。名指挥家卡拉扬（1908-1989）很

◎ 西贝聊斯纪念碑

晚才是他的主要支持者，录制了几乎他所有的交响曲。伯恩斯坦录制过他作品的全集。

1957年9月20日因脑溢血去世，其时赫尔辛基乐团正在演奏他的《第五交响乐》，由萨金特爵士（Sargent1895-1967英国指挥家）指挥。

西贝柳斯于1904年在离赫尔辛基30公里的耶文佩埃，买了一块离湖不远的土地建屋，以他妻子的名字命名为艾诺拉（Ainola）。他非常喜欢这个住所。1926年起在此过退休生活。他爱在附近的树林中漫步。

他与夫人每天在宽敞的客厅中读报。墙上挂的芬兰艺术作品不少是他的画家朋友所作，有一幅他的画家朋友盖伦·卡素莱为他作的象征主义画像未画成。他的书桌上放着笔和陈旧的公事包。

展出了1914年他获得耶鲁大学名誉博士学位的照片。他也是牛津、海德堡和赫尔辛基等大学的名誉博士。

1952年时善于诠释他作品的挪威歌唱家弗拉格斯塔德（Kirstan Flagstad1895-1962）来访。匈裔美籍著名指挥家奥曼迪（Ormandy1899）也来做客过。

他就读过的音乐学校，在他去世前数年改名为西贝柳斯音乐学院。芬兰许多街道、公园以他的姓命名。

他85岁生日时，芬兰总统帕西基维（Pasikivi）来别墅祝贺，这位总统曾一度是活跃的唱诗班成员，赫尔辛基举办第一届"西贝柳斯音乐周"。以后这个音乐节每年6月在赫尔辛基举行，成为国际性的音乐节日。

还建立了西贝柳斯奖学金。斯特拉文斯基和萧斯塔柯维奇都是这个奖金的获得者。

九十岁生日时，芬兰举国上下举行庆祝会，他收到一千多封贺电。丘吉尔一如二战时，送来雪茄。伦敦为他举办了由比彻姆爵士（Beecham1879–1961英国指挥家）指挥的广播音乐会。

1957年他去世后，他夫人在此居住到1969年。以后女儿们将此屋售与政府（1972）。1974年纪念馆向公众开放。西贝柳斯的墓地在故居的花园中。

他的出生地在海门林纳镇。1965年12月8日他百岁诞辰纪念时，3

◎ 西贝聊斯纪念碑

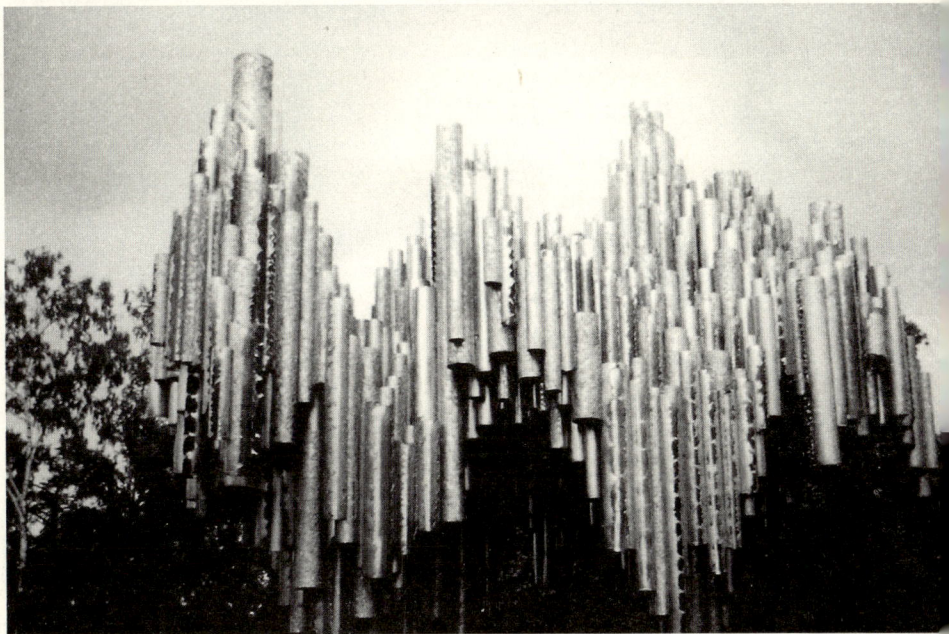

◎ 西贝柳斯墓地

个女儿都参加了纪念馆的开幕式。这里展出大量他和家人以及同学的照片。在他出生的房间内展出的家具，都收集自他年轻时的居所。也可见到他的第一件乐器簧风琴（Harmonium）。

他的纪念碑位于西贝柳斯纪念公园中，由六百多条银白色不锈钢管组成，好似一架巨型管风琴。旁边赤色岩石上的西贝柳斯金属头像，栩栩如生地再现了作曲家的非凡气魄。这非常有特色并引人注目的纪念碑，是女雕塑家希尔图宁（Hultunen）费了六年心血于1967年西贝柳斯去世十周年时完成的。其小型复制品在联合国大厦永久展出。

土库（Turku）位于赫尔辛基西165公里。这里的西贝柳斯纪念馆面积达一万平方米。展出大量资料，包括他的乐谱及各种乐器，是首屈一指的西贝柳斯参考资料馆。

旅游资料

一、西贝柳斯之家（艾诺拉Ainola）
·地　　址：耶尔文佩埃（Jarvenpaa）
·开放时间：5月至9月星期二至日10：00－17：00
·交　　通：赫尔辛基中央车站搭640号公共汽车，在Ainola下车，车程约1小时
二、西贝柳斯出生地纪念馆
·地　　址：海门林纳（Hameenlinna）
·开放时间：5月至8月10：00－16：00
　　　　　　9月至4月12：00－16：00
·交　　通：赫尔辛基搭火车前往约90分钟

忠实地表演作曲家构思的指挥家

——寻访托斯卡尼尼纪念馆和陵墓

托斯卡尼尼（Auturo Toscanini1867－1957）是世界上最负盛名的指挥家之一。他指挥过十八至二十世纪多名作曲家的交响乐和歌剧，被誉为有史以来最惊人的音乐演绎者。他创立了忠实于原作的指挥艺术体系，对乐队严厉认真，要求每次演奏都全力以赴一如首演。他认清形势后没有被法西斯主义所吓倒，他同情和帮助受压迫者，站在为争取民主与自由的世界人民一边。

他出生于意大利小城帕尔马（Parma）一个农民家庭。1876年进当地的音乐学校学大提琴。1880年在皇家乐团任大提琴手。1885年毕业于大提琴、钢琴和作曲班。1886年6月30日在巴西里约热内卢演出歌剧《阿伊达》时，原来的指挥声称要辞职，助理指挥想承担指挥职务被轰下台，托斯卡尼尼这位大提琴手被迫举起指挥棒。他上台后第一件事即是合上

◎ 托斯卡尼尼画像

谱架上的总谱。第一幕结束时，掌声雷动。从那晚起他即担任指挥，解除了大提琴手的合约。

回意大利后先是在都灵的卡利兰诺剧院指挥歌剧，以后在意大利诸城市指挥歌剧和交响乐。1895－1898年指挥都灵新建的皇家管弦乐团演出瓦格纳的一些作品，还指挥过普契尼的《艺术家的生涯》（又名《波希米亚人》）之首演。1898年被任命为米兰斯卡拉歌剧院的首席指挥和艺术总监，指挥了多出歌剧。1903－1906年去阿根廷。1908年以后相继在纽约大都会剧院指挥瓦格纳、威尔第和普契尼的歌剧，及担任纽约爱乐乐团常任指挥。第一次世界大战时，他回到意大利参加义演和去前线指挥军乐乐团。他因在战火中英勇指挥而被授予勋章。一战结束后，他领导了斯卡拉歌剧院的整修工作，使之成为世界上最辉煌的歌剧院。

以后托斯卡尼尼频频带领乐团四处出访。1925年率领斯卡拉歌剧院乐团去瑞士开音乐会，又在威尼斯音乐节后带领纽约爱乐乐团去欧洲巡回演出。1929年带领纽约爱乐乐团自纽约出发，去欧洲各地演出。

1930年托斯卡尼尼接受齐格非·瓦格纳（歌剧作曲家理查·瓦格纳的儿子）的邀请，去拜罗伊特指挥瓦格纳的歌剧《汤豪舍》及《特里斯坦与伊索尔德》。这不能不说是不寻常的事。因为拜罗伊特人认为外国人对瓦格纳的音乐有着天生的敌意。这是第一个非德国人在拜罗伊特指挥。不久齐格非去世，托斯卡尼尼于1931年再次去拜罗伊特指挥上述两剧。1933年纳粹上台，他的指挥家朋友被赶出德国，他拒绝再去。（1932年拜罗伊特的瓦格纳音乐节停办）1935－1936年于萨尔茨堡指挥《福尔塔夫》、《魔笛》、《纽伦堡的名歌手》及《费黛里奥》。这些是他在剧院指挥的最后几部完整的歌剧。

1937年去美国音乐界为他挑选优秀演奏员组成的NBC（国家广播

◎ 托斯卡尼尼纪念馆

公司交响乐团）任指挥。他多次义演和购买公债。1943年墨索里尼倒台时，斯卡拉歌剧院贴出"托斯卡尼尼万岁"的标语，他的名字成为反法西斯胜利的象征。

1946年他回到意大利，5月11日为重建剧院指挥一场音乐会。1948年开创维也纳第一届音乐节。1952年斯卡拉歌剧院举行他在那里的最后一场音乐会，诠释瓦格纳的作品。同年11月在伦敦指挥爱乐乐团演奏勃拉姆斯的交响曲。1954年4月14日他最后一场音乐会是指挥NBC交响乐团在纽约卡内基音乐厅整场演出瓦格纳的作品。

1957年托斯卡尼尼去世于纽约附近的里浮达尔（Riverdale）的寓所。遗体运回意大利，安葬于不朽者墓园。上万意大利人民在大雪中送葬。

托斯卡尼尼被人们称之为大师、伟大的指挥家，绝非偶然。奥地利著名作家茨威格（Stefan Zweig1881－1942）称："他以如此的忠实、热情和谦卑把自己奉献给音乐事业，这是我们在任何其他创作领域中难能见到的。"

他有着非凡的记忆力。在指挥前他脑中已彻底地研究了总乐谱，对作品的诠释在走到乐谱架前已决定了，上台后他凭记忆指挥。如果

◎ 托斯卡尼尼纪念馆　　　　　　　　　　　　◎ 托斯卡尼尼的衣帽及公事包

是原来他不知道的作品，他只需在演出的前夜拿到歌剧的总乐谱，整晚研读，第二天上午排练，晚上即凭记忆指挥演出这部作品。

托斯卡尼尼了解所指挥的每部歌剧的每个声部，不论是乐器的还是声乐的。据称他能记得250部管弦乐曲和100部歌剧的每个音符。一次在音乐会前，第二巴松管手说他的乐器的降b音键坏了。托斯卡尼尼想了一下，要他放心，因为当晚这个音乐会上不必奏这个音符。果然如此，托斯卡尼尼的记忆力真是惊人。另一次指挥一场《托斯卡》的义演，排练时园号手因乐谱上的休止符而停奏，托斯卡尼尼责备之余发现乐谱上确是如此，于是为圆号补写了八小节。以后找到总谱上确有此八小节，是出版社的错误将它遗漏了。

托斯卡尼尼对乐团成员的严格和粗暴，是闻名的。他指挥时所有的人都必须服从他。瓦尔登戈（Guiseppe Valdengo）在《我在托斯卡尼尼指挥下歌唱》一书中称，为了达到完美，有时排练时间很长，有的排练人员心不在焉，注意力不集中，或表示不满意，发牢骚称太累，此时托斯卡尼尼会暴跳如雷，训斥及尖锐批评他们。一次瓦尔登戈在NBC唱《梦》，当唱"Eallorailsogno"这句时，E音前的半音阶稍稍快了些，大师大声呼叫，说他可耻，葬送了杰作。也无怪得瓦尔登戈的书中，有一章节名为《疾风暴雨般的排练》。

托斯卡尼尼称"歌剧永远是我的至爱"。排练《奥赛罗》时，他把着手教演雅戈的演员手势如何，怎样走动，和面部表情，来表演雅戈灵魂的卑劣。他有塑造歌唱家的惊人能力。他培养成长好几位意大利著名歌唱家，除瓦尔登戈外，尚有佩尔蒂莱（Auretiano Pertile1885－1952男高音）、斯塔比莱（MarianoStabile1888－1968男中音）、达尔蒙特（Toti DalMonte1893－1975女高音）等人。

托斯卡尼尼认为一部作品永远属于原作者。他不喜欢人们对演奏家、指挥家的崇拜。

位于帕尔马的托斯卡尼尼出生和度过童年及少年时代的故居，现

◎ 托斯卡尼尼像，卡罗索作

◎ 与指挥家沃尔特、作家茨威格合影

辟为纪念馆。进门后首先见到的是世界诸乐团、协会等授予的证书和奖状。其中最显眼的有纽约爱乐交响乐团一百多人签名的证书，纪念与他的艺术理想合作的辉煌时光。

馆内展出多幅托斯卡尼尼的照片和画像。他最早的照片是1902年在故乡帕尔马拍的，他1917年在前线指挥军乐团时卡西诺将军（Cascino）也在场。

也展出他夫人的照片及两人的合影，以及他们的女儿梵达的画像和外孙女桑妮亚的自画像。但未见女婿、著名钢琴家霍鲁维茨（Horowitz）的像。托斯卡尼尼于二战时最后一次指挥演出，即是1939年8月在瑞士卢塞恩（Luzern）与霍鲁维茨一起演奏勃拉姆斯的《第二钢琴协奏曲》。

我们还可见到他分别与男高音卡鲁索、瓦尔登戈和小提琴家保洛（Enrico Polo）的合影，保洛是大师的妹夫和好友。还有小提琴家约阿希姆（J.Joachim1831－1907）、德国指挥家沃尔特（Bruno Walter1876－1962）和美籍德国女高音莱曼（Lotte Lehmann1888－1976）送给他的照片。

信件方面也有很多珍贵史料。爱因斯坦于1936年3月给托斯卡尼尼的信中，赞扬他是世界音乐艺术无敌的诠释者，又在反对法西斯的斗争中显出人类无比的尊严。

茨威格给托斯卡尼尼的信（约1935－1937期间）中，邀请他及威尔斯（G.H.Wells英国作家）去他家（在萨尔茨堡）共进晚餐。当年在萨尔茨堡，托斯卡尼尼也经常与托马斯·曼、沃尔特见面。得知茨威格夫妇1942年在巴西自杀后，托斯卡尼尼表示："他是我的好朋友。我爱他，但我决不原谅他自杀。"

牛津大学音乐教授，皇家音乐院院长艾伦（HughAllen）1937年给他去信，为提名一位名誉院士及感谢他为牛津大学义演事。

托斯卡尼尼1949年给意大利总统艾诺第（Luigi Einaudi）的电文中，婉言拒绝被选为国会终身议员。

托斯卡尼尼曾被授予多种勋章、纪念章、奖章等，兹列举如下：

1998年意大利王国政府册封他为骑

◎ 托斯卡尼尼塑像

◎ 庄严肃穆的托斯卡尼尼陵墓

士。以后意、奥、波兰等国政府相继授以十字勋章或饰针。纪念银杯
分别为美国伊里诺州春田县（Springfield）音乐爱好者（1921）及圣路
易市但丁协会（1921）所赠。丹佛市民（1922）送的是银碟。1934年
在维也纳国家剧院指挥威尔第的《安魂曲》，以纪念奥地利大法官道
尔福斯（Engelbert Dolfuss）去世，也获赠银碟。

1930年法国音乐学院授予纪念章。1931年美国布鲁克纳（A.Bruckner1824－1896奥地利作曲家）协会授予荣誉会员，纪念章上刻着布鲁克纳头像。1933年2月获拜罗伊特市荣誉市民证书。1935年、1936年纽约爱乐交响乐团授予奖状。由于他促进美国基督徒与犹太人的谅解，1937年获得希伯莱奖章。1977年他去世二十周年时，圣马利诺共和国发行纪念章。

走廊展出他在斯卡拉剧院指挥音乐会及歌剧的海报（1921－1930）。也可见到多种演出的节目单，如帕尔马的皇家剧院（1920）、纽约爱乐乐团（1930）、博洛尼亚（Bologna意大利北部城市）剧院（1931）等的演奏会。托斯卡尼尼起草节目单时，常常把威尔第的作品放在重要地位，也会介绍那些被遗忘的作曲家。

纪念馆的展出物显示托斯卡尼尼对威尔第的情谊和对其作品的重视。可见到威尔第的画像、照片、纪念章、信件集（副本）、临终画像及死后面模。1899年威尔第题词送给托斯卡尼尼的照片，当年即放在钢琴上。威尔第与托斯卡尼尼两个头像并立的纪念章铸于1970年。威尔第的《福尔斯塔夫》是托翁最喜爱的作品之一，这里展出1926年威尔第去世二十五周年时，托斯卡尼尼于威尔第的故乡布塞托（Busseto）的剧院指挥《福尔斯塔夫》演出后，于隆科莱的威尔第故居前与乐团的合影。托翁还为在他有生之年未能再在该剧院指挥一次《福尔斯塔夫》而遗憾。

托斯卡尼尼深刻理解瓦格纳的作品。这里也展出瓦格纳的照片、画像、以及他夫人科西玛的照片和合影。同时展出《帕西法尔》（Parcifal）的手稿以及托翁在都灵（1897）及拜罗伊特（1930）指挥《特里斯坦与伊索尔德》的海报。

也展出普契尼的照片、纪念章、及1910年托斯卡尼尼与普契尼于纽约大都会剧院首演《西部女郎》时的合影。普契尼说过："托斯卡尼尼指挥一部作品，不是按照总谱书面的指导，而是按照作曲家的想像。"

最后一部分展出物为佩尔蒂莱基金会所捐赠。佩尔蒂莱于1921 -
1937年是米兰斯卡拉歌剧院的主要男高音，托斯卡尼尼最欣赏的歌
唱家之一。展出物包括托斯卡尼尼1934年送给佩尔蒂莱的亲笔签名
照片，1952年给佩尔蒂莱的电报以及佩尔蒂莱本人的多幅画像、漫
画、半身塑像和在多出歌剧中的戏装照片（部分歌剧为托斯卡尼尼
指挥）。也展出由佩尔蒂莱和瓦尔登戈捐出的戏装。我们还可以见到
十九世纪末及二十世纪中叶著名作曲家和歌唱家的照片，门德尔松、
罗西尼、比洛、马斯卡尼（Mascagni1863 - 1945意大利小提琴家，作
曲家）等的半身塑像以及约三十种歌剧的总乐谱（印刷本）。

这个纪念馆不仅使我们进一步了解大师托斯卡尼尼，也重温了他
那个时代的音乐，特别是歌剧。

旅游资料

（一）托斯卡尼尼纪念馆（帕尔马Palma）
地　　址：Borgo Rodolfo Tanzi13
开放时间：9：00 - 13：0014：00 - 18：00
　　　　　星期一闭馆
交　　通：自米兰坐火车去帕尔马约80分钟

（二）托斯卡尼尼陵墓（米兰）
地　　址：不朽者墓园
交　　通：近地铁站Montenapoleone

卓越的文艺复兴家和工程师

——造访达·芬奇的故居和墓地

列奥那多·达·芬奇（Leonardo da Vinci1452－1519）是著名的意大利艺术家、文艺理论家和科学家。他自幼刻苦钻研艺术和科学，在绘画、天文、地理、物理、力学、数学、人体解剖学、植物学等方面，成绩卓著。"文艺复兴"这个词来源于法语，意思是重被唤醒，表现了中世纪人们对复兴古希腊和古罗马文明的魅力之渴望，也意味着探索新的思考和表达方式。达·芬奇在艺术和科学领域中，研究新观点、新理论和新实践，使他无愧于"卓越的文艺复兴家"这称号。他善感的心灵，又使他成为热爱生命的诗人。

达·芬奇出生于意大利托斯卡尼山区亚诺河谷的芬奇镇，该城市的名称就是他的姓。父亲是公证人，母亲是农妇，父母亲并未结婚。出生后在乡村度过四年充满阳光的生活。父亲与一位有钱女子结婚后，他跟祖父母住，回到镇

◎ 达·芬奇像

上，接受那个时期上层家庭的孩子们所受的教育：读书、写字、学习数学和拉丁文。叔叔教他预测天气及各种植物和药草的用途。他在山间的生活使他喜爱大自然。

祖父去世后，十四岁的他被送往佛罗伦萨父亲那儿去。父亲见到他背包中的绘画后，即送他去艺术家韦罗基奥（Verrochio1435－1488）的工作室去。一见到他的画，韦罗基奥即明白这位年青人会成为比自己更出色的艺术家。先是安排他打扫，磨制颜料，给铜像抛光及参与为大教堂顶部加建铜球体。他渐渐明白艺术与工程学需紧密联系起来。

韦罗基奥让他在正创作的《基督受洗图》中，画其中一个天使。韦罗基奥观看芬奇的画时惊呆了，发誓再也不执画笔了。

芬奇花了不少时间研究佛罗伦萨的湿壁画、神庙和雕像，还向不少学者讨教自然科学、数学和哲学等领域的知识。他常去波拉约诺的画室。波拉约诺是文艺复兴早期研究人体解剖学的画家。

他三十岁时听说米兰学者云集，大公斯福查（Ludovico Sforza）是艺术的赞助者。芬奇以军事工程师的名义自荐，立即被聘用。以后他在宫廷里工作，长达十七年。

1495年应圣玛丽亚感恩教堂修道士之请，芬奇被大公斯福查派去在教堂餐厅的墙上绘制《最后的晚餐》。在画中每一个门徒对基督所说"你们中某一个人将背叛我"都有不同反应。芬奇要通过人物面部表情、手势、姿态的描绘来展示每个人物内心的情感与思想：怀疑、恐惧、愤怒、震惊……他认为画家的任务是既要画人，也要画人的灵魂。

过去的艺术家常把耶稣和十一名忠实信徒，安排在长桌的一边。芬奇画了大量草图后，最终握着钱袋的犹大，虽被安排在众信徒之中，却能被人一眼认出。据说芬奇曾去闹市或罪犯出没的地方，去寻找一个卓鄙的面容。现在此画只留存有临本。该画完成后不久，因教堂餐厅与厨房间需开个门，把画中耶稣和三个使徒的脚截去了。拿破仑入侵意大利时餐厅又成了马厩，士兵们向画中使徒们的头投石块嬉戏，原画受到严重摧残。

由于法军入侵意大利，1499年9月他仓促离开米兰去威尼斯。他建议威尼斯人使用水闸和水坝将山谷淹没，以溺死土耳其军。

1500年春回到佛罗伦萨。他放下修道院请他画的《圣安娜》，

◎ 吕赛园城堡

◎ 文艺复兴大厅

◎ 文艺复兴大厅中的《蒙娜丽莎》

1502年去意大利中南部干军事工程的工作。他设计运河、水库、壁垒、护城河……他绘制区域的地图，画下每一条道路、每一座城堡。1503年他结识了著名思想家马基雅维利（Machiavelli1469-1527）。马建议芬奇画《安加利之战》，与米开朗琪罗的《卡西诺之战》正好成了竞赛。可惜这二幅未完成的作品，都未能保存下来。在往返佛罗伦萨与米兰途中，一位年轻贵族梅尔齐（Francesco Melzi）成了他最好的朋友，且向他学画.

1503年开始创作《蒙娜丽莎》，历时三年。该作品成了举世公认的美术名作。在法国巴黎的卢浮宫展出的画像前，天天人山人海，以致不让参观的人潮停滞在画旁。

当年芬奇以虔诚的爱国心画《蒙娜丽莎》。三年期间让音乐家和喜剧家围绕着模特儿，使她的心永远沉浸于温柔的愉悦中，使她的面容格外动人心魄。

这幅画被法王弗朗索瓦一世（1494－1547）以12,000里弗（法国古金币）购去。此画在世上诠释之多，没有其他画可比。

蒙娜丽莎（Monalisa）原意是丽莎夫人，究竟何方人物，说法不一。最早有人认为这位女性是Lisadi Gherardini，一位丝绸商人的第三位妻子。当时她26岁，因刚丧子而穿深棕色衣服。

1506年他再次来到米兰。法国人给他高薪，但不命令他做什么，给予他相当自由。他画了《圣安娜》及又一幅《岩间圣母》。1507年他再次成为米兰的宫廷画家。

1512年法国人被赶出米兰，列奥那多失去资助者，离开米兰去乡村居住。1513年起在罗马度过数年，他的心境一度不佳。他的两名助手窃取了他的设计变卖。有一名甚至公然指责他宣扬巫术，因而芬奇被教皇下令禁止对人体解剖学的研究。

在罗马他画了著名的白发苍苍的自画像。他的最后画作是《施洗礼者圣约翰》，画中圣徒微笑着将手指向天空。

弗朗索瓦一世再度占领米兰。他喜爱哲学、科学与艺术，久闻芬奇的才学。芬奇作了一个会活动的机械狮子送给法王。此狮能向国王走去，停下时法国国花百合花会自动弹出。

1516年他接受法国国王的邀请，去法国定居。他花了三个月时间，与祖国和朋友们告别。他的行李箱里放满各种工具和笔记本，以

◎ "机翼"和"直升机"草图　　◎ "装甲车"

◎ "自行车"和"汽车"

◎ "转动桥"

◎ 达·芬奇纪念碑

及三幅画：《蒙娜丽莎》、《施洗礼者圣约翰》、《圣母、圣婴及圣安妮》。

弗朗索瓦将巴黎西南160公里处的吕赛园（LeClosLuce）送给他。该园距法王在昂布瓦斯（Amboise）的行宫仅半里地。芬奇在弗朗索瓦的宫廷，担任首席画家、工程师、国王的建筑师与机械师。他为王宫设计，又继续研究几何学。他有兴趣把流经昂布瓦斯的奥尔河改造为运河，为此画了简单的河流图。

建于十五世纪的吕赛园1955年才向公众开放。展出的家具是同时代的，但不是原物。参观达·芬奇的故居是学习历史的好课堂。

气派非凡的沙龙装饰着威尼斯大吊灯，两张巨幅壁毯《雷诺与阿米德》、《突厥人攻克耶路撒冷》，桃花心木写字台，和镀金雕刻木桌。靠背椅的椅面饰以拉封丹寓言故事的图案织锦。写字台上放着打开的书。

文艺复兴大厅是接待法王弗朗索瓦一世及王公贵族的地方。壁龛中陈列着弗朗索瓦披戴盔甲的半身像。窗户旁是《蒙娜丽莎》的复制品。壁毯取材于《罗兰之歌》及女神戴安娜狩猎的场面。据称后者与法王时常去森林狩猎活动相呼应。

法王常来探望他，与他一起讨论哲学，说他是一个伟大的哲学家。法王又说他不相信世上有比芬奇懂得更多的人。传说中法王自昂布瓦斯行宫，可循地下秘密通道来与他会面。

寝室中的卧床为文艺复兴时期有天顶式的，床架上刻着小天使和神兽。壁毯上是圣经故事内容。壁炉上方饰有法兰西纹章。十六世纪镶嵌着象牙的耶稣受难像，可能是苏格兰女王玛丽一世的遗物。

◎ 达·芬奇墓地

即使在厨房中，也有壁毯及古典风格的坐椅。芬奇常坐在石壁炉旁取暖。

达·芬奇是世界历史上有数的画家。他的绘画基于完整的艺术理论，他的创作和理论体现了资产阶级在上升时期的思想感情。他确立了以人为本，以自然为源泉的人文主义艺术观，把绘画的写实主义推向顶峰。可惜世界上留存的他的真迹不到十件，而且还是小幅或未完成的。这里没有他的绘画真迹展出。

他又是出色的工程师和发明家。他设计了成百种飞机模型，又设

◎ 达·芬奇墓地

计了直升机和降落伞的模型。

　　他设计的弩炮，长约70尺，内设特殊装置，操作时无声。两轮的战车，带有很多旋转的刀锋。他以古罗马的一种塔式战车，改良创制出乌龟形的坦克车，装配有大炮。也设计了一种能连续发36弹的大炮。他为之画的弹道图，显然其原理已属早期机关枪。

他的笔记本中有多项设计图：自行车、潜水艇、降落伞、起重机、挖土机、控制运河水流的水闸。

一楼的四间模型室中展出他设计的图纸，以及国际商用机器公司按照图纸用当年可能得到的材料做成的实物。这四十多台大小不一的模型，包括汽车、装甲车、飞行器（机翼幅度达12公尺）、旋转桥等。显然，第一个设计坦克、飞机、直升飞机的都是达·芬奇。

他对人体构造也感兴趣。1849年开始写《论人体的形态学》。他在医院里观察医生做手术，夜间在停尸室解剖过三十具尸体。他发现了动脉硬化症的病理变化。他也是第一位对人体进行科学描绘的画家。他画的人体脊椎、头颅、心脏、消化道等的解剖图，非常接近今天的水平。

走进植物园，可在林荫之下漫步，边欣赏小灌木修成的一方方几何形图案。芬奇常在此散步和休息。远处是一大片草坪，当年在此举办游园活动。

他喜欢画动物。他熟悉野生动物的习性，他曾研究鸟的羽翼。他购买小鸟是为了看它们自由飞回大自然。他在马房里可呆上数小时观察鸟。他也爱观察植物生长，他画的树木花草，有如刚自田野里长出来。

欧洲流行黑死病后，他认为疾病蔓延于脏乱的街道，与城市医疗条件差有关。他为城市设计了新的布局：开阔街道，开辟运河，合理的污水排放系统。

他发现眼的远视原理。还与数学家帕乔里（Luca Pacioli1445-1517）一起写《神圣的比例》（1509）。

他散步时带着纸和笔，把观察到的速写下来。他的手稿都是自右向左写的，必须用镜子反射后才能读。这些手稿在巴黎、伦敦以及个别私人图书馆保存着。

达·芬奇67岁时立下遗嘱，钱和土地分赠给同父异母的兄弟们、他收养的萨莱和仆人们；他的书、笔记及画给好友梅尔齐。

　　达·芬奇1519年5月2日去世，有幅油画描述他在弗朗索瓦一世的怀中离开人间。他的墓地在昂布瓦斯城堡的小教堂内。石板上以意大利文及法文刻着："列奥那多·达·芬奇的遗体埋葬于此"。他的大理石胸像在附近的草坪中。

旅游资料

吕赛园城堡（Chateau du Close Luce）
・地　　址：昂布瓦斯（Amboise）
・开放时间：每天9：00－19：00
・交　　通：自巴黎的奥斯特里兹火车站
　　　　　　（Gared' Austerlitz）乘火车去昂布瓦
　　　　　　斯约2小时。再步行20分钟抵达吕赛
　　　　　　园。中途经过昂布瓦斯城堡。

浪漫主义的狮子

——走访德拉克洛瓦纪念馆和墓地

欧仁·德拉克洛瓦（Eugene Delacroix1798－1863）是法国美术史上最伟大的画家之一，有"浪漫主义的狮子"之称。他1798年4月26日出生于巴黎附近的夏朗东－圣－莫瑞斯（Charenton Saint－Maurice）。父亲是名律师和外交官，曾参加法国大革命，当过驻荷兰大使和拿破仑时代的马赛省长。有传说称他的生父是显赫一时的外交官塔列朗（Charles Maurice Talleyrand）。

母亲出身于著名的工艺匠人之家，受过良好的音乐教育，对他的幼年时代深有影响。舅舅莱斯奈（Riesener）是著名画家大卫的门生，他不仅发现欧仁的艺术才能，还推荐他去巴黎美专葛兰（Geurin）的画室学习。他与舅父一起参观卢浮宫，还观赏舅父作画。

他爱好文学、绘画及音乐，这铸就了他诗人的气质，

◎ 德拉克洛瓦自画像

也是他浪漫主义的源泉。在葛兰那儿，他学习历史画家或风俗画家必须具备的风景艺术的美学基础，受到严格的风景技法训练。他的启蒙者是比他年长七岁的画家席里柯（Gericault1791－1824）。他喜欢阅读，拜伦、但丁、莎士比亚都是他喜爱的作家。"有些书本和雕塑作品，必定会引起我的灵感，如但丁、拉马丁、拜伦和米开朗琪罗等人的作品。""在困难之时阅读一下回忆录和历史著作，可以使你得到安慰。因为它为你提供了一幅人们所经受的忧患与困苦的图景。"他欣赏勒萨日（法国作家1668－1747）的《吉尔－布拉斯》，但他认为大仲马的《安热·皮杜》内容坏透，《皇后的首饰》也不好，读完《基督山伯爵》后，"实际上却像什么也没有读。"司汤达是最早欣赏德拉克洛瓦的天才之人中的一个，他鼓励画家"切勿轻易放过足以使你成名的一切"。

音乐在他一生中扮演着重要的角色。他甚至强调色彩也同样具有音乐性。"绘画这门艺术与音乐一样，比思想要高一筹。它由于需要意会，难于言传，所以更胜于文学。"他又认为绘画更胜于音乐：即使是一幅巨大无比的作品也可在一瞬间尽览无遗。

他与萧邦关系密切，钦佩他的为人。他认为萧邦是他所知道的艺术家中一位最纯正的榜样，"比任何人都更接近莫扎特"。那幅著名的曾分割成两部分的油画，题材是萧邦弹钢琴和桑在倾听，即是德拉克洛瓦所作。1849年4月萧邦病重时，他曾前往探望。10月获悉萧邦去世时，他在日记中写道："他的死，是多么大的损失啊！一些混蛋却留下在世上捣乱，而精英却反先消逝。这是多么可悲啊！"

他认为莫扎特敢接触事物悲伤的一面。他能把作品处理得哀而不伤，使你在欣赏时，心情也能像欣赏欢乐作品一样高雅和泰然。

德拉克洛瓦读过《罗西尼传》，也曾于1856年往访罗西尼。他欣赏罗西尼那种"既快捷而又富有概括力同时又不受习惯约束的那些序曲和乐章"。

他欣赏恩斯特（Ernst1814－1865捷克小提琴家）的演奏，也曾为意大利小提琴家帕格尼尼画像。

德拉克洛瓦认为美术上的一切重大问题都已在十六世纪解决了。拉斐尔解决了素描的完整、风格高雅与构图的问题；提香解决了色彩、明暗烘托的完美问题；鲁本斯的画能表达最动人心弦的内容，力量、激情和才华使鲁本斯在创作时根本无需去考虑作品是否优美动人的问题，他一遇到色彩问题即找鲁本斯。德拉克洛瓦的《迪耶普的海景》在莫奈等印象派艺术家成功前三十年，已找到描绘在动态的海浪

◎ 德拉克洛瓦纪念馆　　　　◎ 德拉克洛瓦的画室

◎《自由领导人民》（1830）

上反射的光影所需的笔触和色调。

他在19世纪二十年代的重要作品，都是反映历史的，现在都于巴黎卢浮宫美术馆展出。

《但丁的渡舟》（1822）此画受席里柯描绘海滩之《梅杜萨之筏》的影响，描述维吉尔引导伙伴但丁乘小舟在黑夜中穿越地狱。此画一举成名。

《希奥岛的屠杀》（1824）描述1821年的发生的希腊反抗土耳其压迫的事件。首先在雅典，以后希腊全岛出现抗暴。1822年希腊宣告独立，很快再次被土耳其人侵占。画家满怀同情心，描绘土耳其人屠杀基督徒的事迹，色彩极为醒目，明亮的背景与昏暗沉闷的人物形成鲜明的对比，充分显示这位浪漫主义画家在色彩处理上的惊人才华。司汤达评论此画为一幅"集哀伤与凄惨之大成的画"。

《萨达纳巴尔之死》（1827－1828）其人物来自拜伦的长诗。但在拜伦的诗中，萨达纳巴尔与他的爱妃米拉一起在火葬场殉葬。德拉克洛瓦参照文学家的著述，增添了部分情节。萨达纳巴尔所处，是画面上唯一安定的角落。他显得如此平静，对面前所见的纷争完全无动于衷，似乎成了一个从物质享受和感情欲求中寻求解脱的人，也成了德拉克洛瓦看破一切的写照。不过雨果对此画曾作无情的批评。

《自由领导人民》（1830）国王查理十世企图限制人民选举权和出版自由，宣布解散议会。巴黎人民纷纷走向街垒起义。1830年7月27至29日，巴黎市民与保皇军展开白刃战，最后占领王宫。一位名叫克拉拉·莱辛的姑娘一马当先，在街垒高举象征共和制的三色旗。少年巴莱尔把这面旗插上巴黎圣母院旁的一座桥顶上，最后倒在血泊中。画家目击这一悲壮的巷战，决心作大画来描绘群众运动的壮举。位于画中心的是寓意自由的女性形象。德拉克洛瓦把自己也画进去。头戴高礼帽，身持长枪的青年知识分子，就是他本人。此画的意义在于浪漫主义开始不再从历史或古代人物找主题，而是转向现实生活。当时皇家博物馆收藏该画，因怕会鼓动群众滋事而收起来。1848年重

◎《猎狮》（1855）

◎《处女受教育》（1842）

新在卢森堡宫展出。1874年改为卢浮宫收藏。

1832年他去摩洛哥及阿尔及利亚，发现自然之美，对当地日常生活和人文环境也印象至深。阿拉伯马的狂野使他入迷，他画了不少骑士打猎用的马，描绘了人与猛兽的充沛生命力。他那时期的重要作品是《猎虎》、《老虎攻击野马》、《伺机猎狮的阿拉伯人》以及《摩洛哥犹太人的婚礼》、《被侍从护卫的摩洛哥国王》等。《阿尔及利亚妇女》画中的诗意与异国情调给法国人带来梦幻的感觉：画家塞尚说红色拖鞋的色彩，在人们眼中像要吞下去的一杯酒；雷诺尔（Renoir1841－1919）说他走近这画时，像是闻到了香味。

自摩洛哥归国后受托从事壁画装饰工作，在巴黎卢森堡皇宫图书馆、波旁宫议事厅中的国王沙龙、圣苏尔比斯的天使教堂等地，几乎占了他后半生。

1855年间万国博览会时，他与安格尔（1780-1867）、维尔纳

（Vernet1714－1789）、德康（Decamps1830－1860）同被认为法国最伟大的画家。当时展出他三十五件作品。大会又要求他另作一大画，主题自定，他作了《猎狮图》。

1857年1月10日被选为法兰西学院院士。

他专注创作，终身未婚。他最后的作品是《厩中斗马图》（1861）。他在后半生还编写了《艺术与绘画辞典》。

1863年6月"恶性喉炎"复发，身体衰弱。8月3日口述一份长遗嘱。8月13日安详去世。

去世后，在寓所发现油画853件，水彩画1,525件及6,000多件素描作品。

德拉克洛瓦被公认为法国浪漫主义最伟大的画家。他的艺术可以说是十九世纪最后一个企图表现崇高思想的伟大典范。在以后的印象主义画家的作品中，再也找不到属于他作品中所含的人文主义精神。法国艺术史学家佛西昂（Focillon1881－1943）在《十九世纪绘画》一书中称："德拉克洛瓦的浪漫主义所展现的是一种崇高的思想与卓越的才华之间的绝妙的结合。""德拉克洛瓦的浪漫主义是整个法国浪漫主义的灵魂。"

◎德拉克洛瓦纪念碑

文艺批评家波德莱尔（Baudelaier1821－

1867）认为："德拉克洛瓦生性豪迈——但他只将这种豪气奉献给充满梦想的绘画与他的艺术。"他的艺术评论文章使年轻画家能以德拉克洛瓦为典范，从他的画中汲取营养。

他也是十九世纪前半叶中，最能传达对大自然感情的伟大诗人。他在历史画、肖像画、文学与宗教题材画外，更表现面对自然所引起的情感变化，将自然的感情诉诸彩笔，画出超越的风景画。

塞尚（Cezanne1839－1906）称："德拉克洛瓦留下了法国最美的色彩。在我们的天空，没有一个人比他更具有属于色彩的平静、哀婉动人与震撼。我们所画的都来自他的启发。"可惜在他去世后，塞尚未完成《德拉克洛瓦的殊荣》一书。

德拉克洛瓦的日记几经周折，经巴黎大学艺术图书馆负责人安德烈·求宾整理的三卷本，于1932年出版。这是比较完整的版本。李嘉熙先生的中译本也已于2002年出版。

◎ 德拉克洛瓦墓地

EVGENE DELACROIX

巴黎弗斯坦堡街6号是德拉克洛瓦最后的居所及画室所在。该处原是St.Germain-des-Pres修道院长公馆的一部分，与他当时负责美术设计的圣苏尔比天使教堂很近。经友人帮忙谈妥租住，于1857年12月迁入。庭院中央的楼梯为他专用。花园非常恬静，可听到教堂的钟声。他在花园内扩建一画室。他住得很满意："我醒来时，迷人的阳光普照窗前，小花园及画室给了我无比欢乐。"

1928年业主拟将之建为停车场。德拉克洛瓦学会求助于巴黎市政当局，得以每年在此展示他的画。1971年德拉克洛瓦纪念馆改为国家纪念馆，2004年与卢浮宫国立博物馆结为共同体，因而参观者络绎不绝。

购票后进入前厅，向花园侧通向起居室和卧室。楼梯旁通向画室的小房间用作图书室。另一侧通向女管家珍妮（Jenny）的卧室及现为文献室的昔日餐室。

起居室内陈列着画家的半身塑像，与卢森堡公园内的德拉克洛瓦纪念碑都是雕刻家Jules Dalon所作。这里见到他的画像与自画像以及他的好友大仲马、乔治·桑及对他忠心的女管家珍妮的画像。桑的画像为画家Tournachon所作，纪念馆于1992年购得。德拉克洛瓦与桑相遇于1834年，正是她与缪塞分手后。1842年画家常去桑的领地诺昂，他认为诺昂是快乐、安静和使他感到安慰的地方。他在那儿画了《处女受教育》，也为桑的小说《莱莉亚》作了几幅插图。他又教桑的儿子莫里斯作画。他遗赠给桑一把土耳其小刀。

当年的画室窗明几净，展出他画的《戴头巾的黑人》、《人与虎》、《处女受教育》等画，还展出银烛台、伏尔泰式椅子、路易十六时代的钟、儿童伏在海豚上的大理石雕刻、波希米亚的圣餐杯等。

与售票的办公室相通的资料室中，挂着一张巴黎大地图。上面注明他的画室和住过的地方、他设计的多处公共及宗教建筑以及工作过的法国诸美术馆。

卢浮宫收藏的德拉克洛瓦的画最多，主要来自收藏家Morean Nelaton1927年的遗赠。本馆所藏多为近年购入或来自捐献。

德拉克洛瓦的纪念碑在巴黎的卢森堡公园内，像下方三个人物分别代表艺术、时间和荣耀。他的墓地在拉雪兹神父公墓，简朴的黑色灵柩上刻着金色的姓名。

旅游资料

德拉克洛瓦纪念馆（巴黎）
· 地　　址：6rue de Furstenberg
· 开放时间：9：30－16：30星期二闭馆
· 交　　通：近地铁站St.Germain－des－Pres

印象派最具代表性的画家

——踏访莫奈纪念馆和水上花园

印象主义是欧洲绘画史上一次大革命。十九世纪末到二十世纪初流行于欧洲的印象派，注重人对生活的感觉与印象，主张到大自然去。印象派画家汲取当时的光学理论，认为色是在光的照射下产生的，在不同时间、环境、气候等客观条件下，受光的支配而有各种不同的色彩。莫奈（Claude Monet1840－1926）是印象派中最主要的代表人物。印象派的名称（Impressionisme）的由来，即是从他的一张油画标题《日出·印象》中的"印象"一词而来。当时一位记者谈到对这幅画的观感，以嘲笑的口吻称这次美展为"印象主义者的展览会"。印象派的名称很快被人运用。这派画家直接取材于当时的社会生活与自然风景。真正的"外光绘画"从此诞生。莫奈可被称为"印象主义之父"。该画成功地将日出时瞬间之景象留在画板上。

◎ 莫奈自画像（1886）

莫奈是一位光的讴歌者，不断探索阳光照射下的自然景物。他对水和色彩的表现，有特殊的成就，被称为"水中的拉斐尔"、"色彩的发现者"。他捕捉时光瞬间的变化，认为景色最美之处，是阳光在水面上不停地移动，闪耀着金光。莫奈对同一主题，反复在一天不同时间写生描绘，画出不同的光景与气氛。显出光与色的鲜明感，交织成光与色彩的华丽交响诗，创作了印象派的巅峰之作。

他的足迹自巴黎到地中海岸，从法国到伦敦、威尼斯、阿姆斯特丹，在各地写生，作风景画。他爱观察水，观察河流、小溪和运河。画中光波粼粼的水景，花开的原野，阳光下快乐的人们……吸引人们的惊叹和赞赏。

莫奈1840年出生于巴黎一个杂货商家。十五岁时已是颇有名气的少年讽刺画家。1858年向画家布丹（Boudin）学画，接受布丹建议到户外创作，从此两人亦师亦友。1861年被征兵去阿尔及利亚，当地明亮的阳光，使他日后创作时特别重视光。1862年在巴黎的艺术学院和葛列尔（Gleyre）的画室中学画，认识雷诺尔（Renoir1841－1929）等画家。他们结伴去枫丹白露，在森林和大自然中作画，在那里结识了巴比松派画家们。同年结识马奈（Edouard Manet1832－1883）。莫奈两幅以海景为主题的画于1865年为沙龙接受。

1868年他发现塞纳河一带的景色是创作最好的题材，以后住在塞纳河畔小镇阿尔根特（Argenteuil）。河中的流水及田园风光深深吸引他。1873年他请人造了一艘被称为"浮动画室"的小船，莫奈乘这艘小汽船在塞纳河上漫游和作画，研究水的倒影以及光色变化。

七十年代后期他开始绘油画"连作"。那是指用几幅，十几幅甚至几十幅油画来记录同一景色在不同季节、不同时间下的光色变化，也即从阳光在景物正面移动的过程中，追寻光线和阴影的瞬间变化，第一套连作是《圣拉扎尔车站》，以后是《罂粟田》、《干草堆》、《卢昂大教堂》、《日本式小桥》、《威尼斯》等。

1890年莫奈在离巴黎76公里的吉维尼（Giverny）购下大片土地及一所住房。以后村附近的河流改道，流经他家的人工池塘，形成一座"水上乐园"。他在池塘中种植从日本进口的睡莲，池塘周围种植垂柳

◎《印象——日出》（1872）

和多种花卉。他开始画睡莲，请庭园师傅在花园中凿莲池，这个水上花园即是他的户外画室。以后二十七年中的绘画创作，主要取材于这个花园。他不断观察花园中的莲花池，获得灵感画了无数幅睡莲。画中出现雾的湿润，水汽的散发，和冰的坚硬。水成为支配画面的主题，天空常常不重要，睡莲池从水里才见到了天空。正如他在威尼斯画的道奇宫，他画了运河中的水，天空被墙遮住而看不到，他也不在乎。他想探讨的是风起涟漪、瞬息万变的水面倒影。

◎ 莫奈纪念馆

◎ 莫奈当年在大画室工作的照片

◎ 大画室已改为售卖纪念品的大堂

1909年5月在画商杜朗卢尔展出的《睡莲》系列的作品中，48幅即是不同角度、不同色彩、不同气候下他家的莲花池。1916年为了巨幅作品《睡莲的装饰画》，他盖了一个别具风格的画室。在二个大房间里，墙上挂着二十二块巨大的画板，围绕整个画室，提供他画莲花池的连绵全景。

《睡莲》（1916）是60幅以《睡莲池》为题的大型连作中最杰出的一幅。画中以粉红及黄色为主题所画出的成群的圆形

◎ 莫奈当年在大画室工作的照片

睡莲，静静地躺在深蓝色、绿色、紫色的水面上。

1920年他将十二件巨幅睡莲壁画赠给法国政府。法国政府于1921年在卢浮宫侧翼重建橘园美术馆，于椭圆形的展览室展出他在吉维尼花园所画的作品，这被誉为印象派的西斯廷教堂。

晚年莫奈患肺疾患及白内障，仍创作了三百多幅作品，有些画大至12－14尺。由于健康关系，他是在工作室靠过去的观察和回忆作画，并非在水池旁画成的。

1926年12月5日莫奈去世，最后的遗作是壁画《橘园的睡莲》。

他一生留下了两千多幅油画、五百件素描及两千七百封信件。

出殡时克莱孟梭（Clemenceau1841－1929法国政治家，一战时为总理）等扶灵。

◎ 起居室

◎ 莫奈夫人寝室

莫奈去世后，他的儿子米契尔于1966年在车祸中丧生。按照其遗愿，将莫奈的48幅画赠给美术学院，以后于玛摩丹美术馆展出。其中包括《日出·印象》、《卢昂大教堂》及多幅《睡莲》等。

法国政府1981年将他的宅邸，包括庭园和画室，指定为国家重要文物，辟为莫奈美术馆，开放给民众参观。

他的故居被道路分为两部分。北部为粉红色墙、绿色百叶窗的住宅，南部为水上花园，即当年的户外画室，有隧道相通。

莫奈在这里住了三十多年，除了画画和户外活动，还爱读书和接待亲友来访。他爱读易卜生、梅特林克、福楼拜、左拉、托尔斯泰的文学作品，米什莱（Michelet1798－1874史学家）的《法国史》，圣·西蒙（Saint Simon1675－1755作家）的《回忆录》。常来访的客人为雷诺瓦、罗丹（Rodin1840－1917雕塑家）、富尔（Faure1830－1914男中音歌唱家）、莫泊桑以及法国政治家克莱孟梭。

他的巨大画室已改为售卖纪念品的大堂。墙上挂着莫奈当年在此作画时的巨幅黑白照片和巨幅的《睡莲》壁画。与克莱孟梭的合影中两位老人显得那样的朴实无华。

各种各样的纪念品琳琅满目，人群挤得水泄不通。不少是美国游客，这显然与附近有座美国印象主义派艺术馆有关。

莫奈的起居室墙上分为三格，展出他的画，但多非原作。窗户旁是他与米契尔的合影。他的卧室中展出11幅塞尚（Cezanne1939－1906）作的画及4幅马奈作的画。他与夫人的画像是雷诺尔作的。出生于意大利的肖像画家萨勤（Sargent1856－1925）为他画了两幅画：他在水上画室；他戴了巴斯克人的贝雷帽。他的浴室中挂着他十八岁时的画像及他作的风景画。特别引人注意的是一入门的起居室、他夫人的卧室及餐厅，墙上都挂着多幅日本画。据他说这些画多以低价从荷兰购得。无可置疑，莫奈对日本的浮世绘有着浓厚的兴趣。

◎ 水上花园的睡莲

◎ 莫奈（左2）及克莱孟梭（最右者）

住宅对面那块地经过他策划的扩建、深挖、筑水闸和建木桥，这个水上花园长约60公尺，最宽处为20公尺。睡莲于5月末至9月末盛开，水上长满不同颜色的睡莲，莫奈就在那段时间画睡莲。

莫奈的家族墓地在一公里外的教堂墓园，浅灰色矗立的十字架周围种满了鲜花，刻有他的姓名和生卒日期的石碑，平放在大理石墓石正中央。

◎ 莫奈家族墓地

旅游资料

莫奈纪念馆（Giverny吉维尼，位于巴黎西北76公里）

·地　　址：84rue Claude Monet

·开放时间：10：00－18：00星期一闭馆

·交　　通：自巴黎圣拉扎尔火车站（Gare St. Lazare）乘火车至Vernon，车程50分钟。（宜搭上午车去）

于Vernon乘151号公共汽车去吉维尼，车程约15分钟。

注意：下车后记下回程（回火车站）时间。并保留车票及收据，因往往买了来回票。

建立唯心辩证体系的哲学家

——寻访黑格尔纪念馆和安息地

著名哲学家黑格尔（Georg Wilhelm Friedrich Hegel 1770－1831）出生于一个经济上、政治上都极端落后的德国。政治上分裂为约三百个小邦和无数的帝国骑士领地，封建农奴制及小手工业占统治地位，是经济上落后，政治上分散割据的封建君主专政国家。

黑格尔所处的时代是欧洲各种重大历史事件发生，社会经济剧烈变动的时代。法国大革命不仅摧毁了法国封建制度，建立了资产阶级统治，也动摇了整个欧洲封建统治的基础。1792年西里西亚的农民、纺织工人两万多人起义，在美因兹发生资产阶级民主革命，推翻封建统治，成立共和国。

先进的德国知识分子，是德国先进思想的代表，反抗当时德国的封建社会。德国大部分诗人和思想家，对法国大革命开始同情和支持，待到雅各宾党专政阶段，便害怕而采取反对的态度，主张德国实行君主立宪。

◎ 黑格尔画像

黑格尔对法国革命的态度比当时大多数哲学家和文学家，同情更持久些。法国大革命及一系列历史事件，对他的哲学思想、社会政治思想的形成和发展，起了重要的影响。晚年他的著作《历史哲学》中仍称颂法国革命。

他1770年8月27日出生于德国西南部符腾堡公国的斯图加特。该地西与法国接壤，南与瑞士共界。他出身于虔信路德派新教的家庭，他的祖父是路德新教的牧师，自幼受到法国革命的影响。

他的父亲任税务局书记官。母亲也受过良好教育，曾教他语言，但不幸于1783年去世，黑格尔对母亲终身怀念。

黑格尔的弟弟参与拿破仑远征俄国，1812年阵亡。妹妹于哥哥1831年去世后一年，因患病及精神苦恼自杀。遗书中追述了黑格尔童年及长大后的一些经历。

1777年黑格尔入城内拉丁学校。1780年入文科中学。他于课外学习希腊文和拉丁文，为日后阅读大量文学、哲学作品，并根据希腊文、拉丁文的原材料研究和讲授哲学史打下基础。

他中学时读大量的书，做笔记，写日记。他对历史和哲学有兴趣，认为Schro-Khn作的世界史认真抒述了学者和科学的情况。莱辛、席勒、歌德的重要作品未引起他注意，却喜欢一部平庸的小说《索菲从默墨尔到萨克森的旅行记》。

中学高年级时写的《古代诗人不同于现代诗人的若干特征》，老师评语是"前途未可限量"。毕业论文为《土耳其人文艺与科学的衰落》。

1788年10月进图宾根神学院学习。前二年主要学哲学，后三年主要学神学。入学后受到启蒙思想的影响，因而对1789年法国大革命感到鼓舞。

他与荷尔德林（Friedrich Holderlin1770－1843抒情诗人）、谢林（Friedrich Wilhelm Schelling1775-1843哲学家）同一寝室，为挚友。荷尔德林激发他对世界的爱，谢林使他对哲学发生浓厚兴趣。

他两年修读哲学课程的论文是《人的义务的界限》，获得哲学学士学位。1793年毕业论文为《符腾堡教会恢复的困境》。论文通过，评语为"神学有成绩，但看来不是一名优秀的教士，语言知识丰富，哲学上十分努力"。

◎ 黑格尔纪念馆

◎ 黑格尔纪念馆

◎ 黑格尔著作　　　　　　　　　　　　◎ 黑格尔及同时代的哲学家

　　毕业后去瑞士任家庭教师。他有时间写文章，有机会练习法语，可以读东家的书，了解伯尔尼的政治和宪法。他写了《耶稣传》（1795），《基督教的实证性》（1796），《德国唯心主义最早的体系纲领》（1796），以及他去世后才出版的《人民宗教与基督教》。他在瑞士仍密切注意法国的事态发展，对雅各宾派的行为持批评与反对的态度，尽管他一生都对革命采取肯定的态度。

　　1797年去法兰克福，荷尔德林为他找到了家庭教师的职位。他写了《基督教精神及其命运》。

　　以后对政治经济学有兴趣，读英国经济学家斯图亚特（1712－1780）的《政治经济学基本原理》。

　　1801年去耶拿，发表《费希特哲学体系与谢林哲学体系的差异》。8月去耶拿大学讲了十个学期课，主要是讲逻辑学和形而上学。1805－1806年第一次讲哲学史，又协助谢林创办《哲学评论杂志》。他的文章认为科学优先于信仰，哲学所占地位比宗教高。

　　1807年去庞堡（Bamberg）任报纸编辑，其时发表重要论著《精神现象学》。书中认为绝对理念是一切事务和思想的普遍概念，它包括人的思想、精神和理性。精神不存在于人的头脑里，而是与心理程序同在，通过这种心理程序，经验才转化为思维和行动。又认为精神与意识是一致的。他批判了康德和费希特的主观唯心主义及谢林的"绝对统一论"，在古典唯心主义哲学领域超过了前辈。在书的序言中对谢林有所评论，观点的不同使两人决裂。

1808年去纽伦堡担任文科中学校长。也给高年班学生上哲学课，主要是讲逻辑学，还介绍精神哲学与自然哲学。

1811年与纽伦堡元老院议员之女玛丽·封·图赫结婚，婚后不久完成《逻辑学》（二卷三册）。两个儿子长大后分别成为历史学家和神职人员。1816年海德堡大学聘他为哲学教授。据说有一次他专心思考问题，竟在同一个地方站了整整一天一夜。另有一次是在雨中散步，一只鞋陷在泥里未发现。他一只脚穿着鞋，另一只脚只穿着袜子往前走。

此时他的由逻辑学、自然哲学和精神哲学组成的主要著作《哲学全书》出版，在书中对辩证法作了全面和系统的论述，他否定了康德的不可知论，他认为任何事物在发展中都有矛盾。矛盾会转化而统一是黑格尔辩证法的内核，他以对立统一论超越了哲学界前辈。

但他又认为思维是事物的本质，思维即"绝对观念"，创造了世上万物。在思维决定存在的辩证统一论里，黑格尔否定了上帝，以绝对观念取代了上帝，他继承了启蒙哲学家对神学的批判。他的辩证法观点，使他成为康德以来最著名的、也是最重要的德国古典唯心主义哲学家。

1818年应柏林大学之请，前往任教，途中去魏玛拜访歌德。当年在耶拿时他曾向歌德抒述自己受到不公平对待，歌德出面干涉后才升为编外教授。

于柏林大学，他的政治观点越来越趋向保守。他写的《法哲学

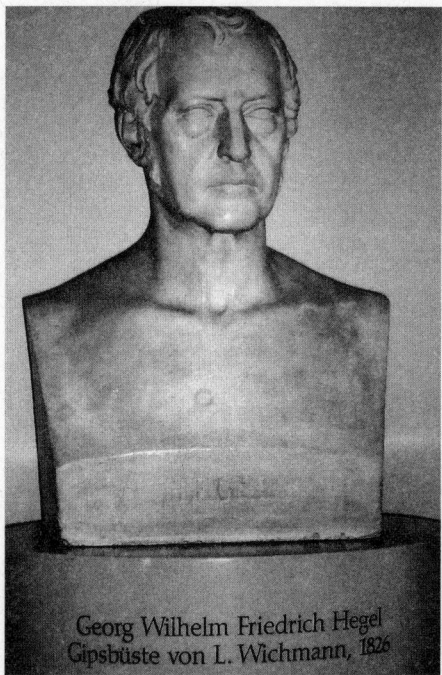

Georg Wilhelm Friedrich Hegel
Gipsbüste von L. Wichmann, 1826

◎ 黑格尔塑像

理》序言中，提到"哲学主要是或纯粹是为国家服务的"。大学中与他同时开课的对手是叔本华。

他去比利时游览时，特地去滑铁卢吊唁拿破仑。1827年自巴黎回国时再次去魏玛拜访歌德。

1826年8月27日黑格尔56岁生日，28日是歌德77岁生日，学生们为他们举行联合生日祝寿。

1829年于捷克休养地与谢林相遇，五天中不谈哲学。归国时再次绕道看望歌德。10月被选为柏林大学校长。

1830年8月27日师生们为他60大寿开庆祝会。纪念章正面为他侧像，背面刻着"信仰与智慧结合"。

1831年国王三世授予三级红鹰勋章。同年对《逻辑学》作了修订，写了新序。11月14日病逝，医生称他患霍乱，但他夫人认为是胃病恶化。

马克思与恩格斯批判了黑格尔的唯心辩证体系，赞扬他建立了辩证法，把哲学引向无产阶级革命实践。他们公开声称是黑格尔的学生，要继续汲取他哲学中的合理部分。

他去世后，在海德堡大学和柏林大学的讲稿，由弟子们整理出版：《宗教哲学》、《哲学史讲演录》、《历史哲学》等。

黑格尔1770年出生于斯图加特时的故居，于1991年辟为纪念馆。该馆重点介绍了黑格尔对世界哲学与政治思想的影响。六个大房间按不同年代，展出他的画像、他的重要著作、及对他有影响的同时代人物。

一开始展出他父母亲的剪影、斯图加特文科中学的木制模型、和他在图宾根获得的硕士证书。

接着展出他1793年在斯图加特所写《宗教是最重要的事之一》的手稿。对他深有影响的宗教评论书籍是康德的《纯粹理性范围内的宗教》及费希特（Fichte德国哲学家1762－1814）的《一切启示之评论随笔》。1795年在瑞士他写了《耶稣传》及瑞士游记。

1796年荷尔德林写信给黑格尔，希望他去法兰克福。馆内展出荷尔德林的剪影和他的小说《希佩里昂》（Hyperion），该书在黑格尔的图书室中发现，很可能是荷尔德林送给他的。

黑格尔1798年写了二本政治小册子，《关于瓦特邦（Waadtland）与伯尔尼城（Bern）先前国法关系之密信》，原为一法国人所作，因观点一致，黑格尔将之译为德文。另一本为《符腾堡（Wurttemberg）的地方长官必须由市民选举》，朋友们劝他不要发表。

1801年于耶拿出版的《费希特哲学体系与谢林哲学体系的差别》是黑格尔出版的第一本书。黑格尔于耶拿时与歌德接触多，写过信寻求新职。于柏林时也常

◎ 黑格尔墓地

去威玛，歌德请他在威玛当过一年教授。这里展出黑格尔、谢林的铅笔画像及歌德的雕版画像。

展出1807年出版的《精神现象学》、他编辑的《庞堡报》及《谁抽象地思考》一文的手稿。

1817年出版的《哲学全书》包括逻辑学、自然哲学和精神哲学，这是他在海德堡大学授课时的用书。

以后在柏林，他出版了《法哲学基本大纲》（1821）作为教科书。《法律之哲学》书上有两处他备课的字迹。

世界历史哲学方面，展出他讲授世界历史哲学的笔记（1830年讲学用）。《历史哲学讲演录》（1848第三版）系他的长子出版。丹麦作家安徒生在自传中提到他年轻时夜间读黑格尔的历史哲学。

在柏林的最后岁月，他是柏林大学的基石。1827出版的《科学评论年报》，出版委员会即是在他家成立的。他也重新修订了《逻辑学》。

他的社交生活也是多彩的。他爱去剧院，可遇见艺术家、音乐家、演员和政府官员。他也参加沙龙和学生们的庆祝活动。

他的终身遗憾是未能当选为普鲁士科学院院士。

他的墓地在柏林的Dorotheenstadtisher公墓，按照他的愿望安葬在费希特的旁边。

旅游资料

一．黑格尔纪念馆（斯图加特）
- 地　　址：53 Eberhard Strasse
- 开放时间：星期一、二、三、五10：00-17：00
　　　　　　星期四10；00-18：00
　　　　　　星期六10：00-16：00
- 交　　通：地铁U-Bahn在市政厅站（Rathaus）下车

二．黑格尔墓地（柏林）
- 地　　址：Dorotheenstadtischer Friedhof
- 交　　通：近地铁站Zinnowitzer Str.

既是诗人，又是民族解放运动革命家

——密茨凯维奇故居探访

亚当－密茨凯维奇（Adam Mickiewicz1798－1855）是波兰著名的民族诗人、思想家和政治活动家。他的故居纪念馆在立陶宛。原来波兰与立陶宛于1569年时曾合并成一个国家——波兰共和国，当年为仅次于俄国的欧洲大国。北起波罗的海，南抵黑海，包括白俄罗斯大部分及乌克兰，敖德萨一度是它的港口。

1771及1795年波兰两次被俄、普、奥三国瓜分，1797年波兰军队帮助拿破仑出征。以后拿破仑与沙皇亚历山大一世订和平条款时，竭力帮助波兰复国。拿破仑失败后波兰再次受瓜分。1815年维也纳会议中决定成立波兰王国，永远与俄罗斯帝国联在一起，沙皇亚历山大兼任波兰王国国王。1830年俄国取消了波兰王国的自治。

密茨凯维奇出生于立陶宛的诺伏戈鲁德（Nowogrodek）附近的查阿西村（今属白俄罗斯）一个小贵族家庭。在他的心目中，立陶宛与他的祖国波兰为不可分离的整体。他的名作《塔杜施先生》（Pan Tadeuse）一开始即是这样的：

> "立陶宛！我的祖国！你像健康一样；
> 只有失去你的人才珍视你，把你向往，
> 今天我看见和描绘你辉煌的美丽
> 因为我思念你，怀着赤子的心肠。"

今天的立陶宛人民同样热爱这位波兰大诗人。

他1815年入立陶宛的维尔纳大学人文系，毕业后在科甫诺地方教书。1820年完成的长诗《青春颂》，于1830年华沙起义时成为群众的战歌。1822他的第一部诗集出版，包括根据民间故事创作的《歌谣和传奇》。还写了一篇长篇序言，题目是《论浪漫主义诗歌》。1823年出版的第二部诗集包括根据立陶宛古老传说而作的《格拉齐娜》（Grazyna）与诗剧《先人祭》的第二、四卷。先人祭是波兰民间超度亡魂的一种仪式，该诗剧第二、四卷写的是农奴亡魂向地主恶霸的鬼魂复仇的故事。1824年他被流放去俄国，从此和他的祖国永别。在那里他写了《十四行诗集》，其中的《克里米亚十四行诗》对克里米亚的高山峻岭和奔腾的大海，作了出色的描绘，以寄托对祖国的思念深情。此

◎ 密茨凯维奇故居

时结识俄国诗人雷列耶夫、普希金、十二月党人以及俄国其他著名人士。1826年10月《莫斯科通报》创刊举行的午宴上，首先为密茨凯维奇的健康干杯，然后为普希金干杯。普希金将他的《布德累斯和他的儿子们》及《督军》二诗译成俄文。普希金还在他自己的长诗《尤金·奥涅金》的末章，1827年出版的《奥涅金的旅行片断》中，抒述到奥涅金访问塔弗利达时写道：

◎ 密茨凯维奇的画像与头像

"密茨凯维奇曾在那儿歌唱，

他在岸边的岩石中，满怀灵感，

思念着他的祖国立陶宛。"

1828年密茨凯维奇完成长篇叙事诗《康拉德·华伦洛德》，讲述立陶宛爱国者华伦洛德抗击日耳曼骑士团入侵的故事。鲁迅在《摩罗诗力说》中介绍过此诗。1829年密茨凯维奇秘密离开彼得堡（一说华沙的沙俄当局通过彼得堡政府迫使他离开俄国）流亡西欧。在柏林时他曾听黑格尔讲课。

1832年定居巴黎。同年出版《先人祭》第三卷（第一卷未完成），诗中描写1823年俄国统治者逮捕和迫害波兰爱国学生组织的事件，歌颂波兰革命青年不怕牺牲的精神，进一步展示了在沙俄统治下，整个波兰的社会面貌。

1831年普希金的《给诽谤俄罗斯的人们》一诗，认为立陶宛的风潮和波兰叛乱都是家庭内部纷争。"谁赢得这力量悬殊之争：傲慢的波兰人或忠诚的俄罗斯人？"密茨凯维奇为此写了针锋相对的《给俄国的朋友们》。以后普希金又于1834年写《他曾经生活在我们中间》，称原来的密茨凯维奇"待人平和诚实……可是现在这位恭顺的客人却变成我们的仇敌……从那遥远的地方不断传来这位恶毒诗人的声音。"《普希金传》的作者格鲁斯曼认为普希金的诗是针对法国的政治家和政论家，毫不带有对波兰民族的仇恨。但普希金于《给诽谤俄罗斯的人们》诗中确曾提到："难道沙皇的谕旨已经不起作用？"显然有大国沙文主义的味道。

普希金因决斗去世后，密茨凯维奇在巴黎《环球报》发表悼念文章《普希金和俄罗斯文学运动》。文中提到："这颗致普希金于死命的子弹，也给了俄罗斯知识界以可怕的打击——谁也代替不了普希金。这样的人任何国家都只能产生一个，而不会更多。他能够高度地把形形色色的、乍看起来是互相排斥的才能凝集于一身。"文章最后说："我和这位俄国诗人的交往较深，而且时间也比较长。我发现他身上有一种过分相信印象的特点，有时他显得轻率，可是他永远是诚实的、高尚的，敢于发表自己的意见。他的缺点和他受教育的环境有

◎ 密茨凯维奇的作品

很大的关系，而他身上的优点则是出自他内心的深处。"显而易见，密茨凯维奇对普希金的评语是中肯的，也显示出波兰诗人的为人是豁达大度的。

密茨凯维奇与萧邦这二位波兰爱国人士是同时代人。萧邦青年时从老师爱尔斯纳那儿即熟悉密茨凯维奇的作品。早在1830年，萧邦曾为亚当的诗《给我走开》谱写了曲子，1832年以后两人在文学协会（后称历史文学协会）会议上或在波兰俱乐部经常见面。密茨凯维奇等人劝说萧邦写民族和历史歌剧，但都未能动笔。萧邦的《g小调叙事曲》受亚当的长诗《康拉德·华伦洛德》的影响，该诗叙述波兰人和立陶宛人一起与德国人斗争的故事。《A大调叙事曲》也受长诗《斯维切济湖故娘》影响。但萧邦没有将作品题词献给密茨凯维奇。现在巴黎的密茨凯维奇纪念馆中所存的萧邦手稿：

（1）《D大调玛祖卡舞曲》很可能于1834年，萧邦将手稿送给爱好音乐的密茨凯维奇夫人，以后她的孙女将此捐献给纪念馆。

（2）《升小调玛祖卡舞曲》原为波兰钢琴家、萧邦的好友方塔那（Juliusz Fontana1810－1875）所收藏。

◎ 故居的地窖

◎ 密茨凯维奇纪念碑

◎ 密茨凯维奇陵墓

　　密茨凯维奇通过萧邦认识乔治·桑。由于桑在诺昂的寓所和在巴黎的沙龙，密茨凯维奇有更多机会结识杰出的文化艺术界人士。桑为他的《先人祭》第三部分写了序言，也曾将他的剧本《巴尔同盟》搬上芭蕾舞台，但未成功。1840年密茨凯维奇在巴黎大学上课时，萧邦和桑常去听课。

　　萧邦的叙事曲与密茨凯维奇的叙事诗的创作，都取材于爱国主义这同一源泉。但过早衰老的诗人与忧郁多病的钢琴家之间，产生了分歧。两人间的友谊并非如想象中那么深厚。在萧邦与桑的不和方面，密茨凯维奇显然倾向于同情桑。柴科夫斯基和里姆斯基·科萨科夫也曾将密茨凯维奇的诗谱成乐曲。

　　密茨凯维奇于1834年完成著名长诗《塔杜施先生》。通过两仇家的年青一代塔杜施与佐霞的恋爱，两个家族的纷争与和解，描绘了波兰贵族的生活和矛盾。他反对波兰、立陶宛贵族内部的纷争和械斗，号召人民团结一致，投入波兰战士反对沙俄侵略的斗争中去。诗中洋溢着诗人对故国家园崇高的爱和浓郁的思恋之苦。诗人心目中的真正英雄是塔杜施的父亲，一位隐姓埋名、机智无畏的反侵略战士。长诗在巴黎出版后先偷偷运到克拉科夫（Krakov波兰第二大城），受到波兰人民热烈的欢迎。我国易丽君等的译文是从波兰文原文译出的第一个中译本（1998）。

1839－1840年密茨凯维奇在瑞士洛桑大学担任拉丁文学讲座，受到社会各界的好评。瑞士州政府将他由客座教授升为正式教授。1840年11月法国教育部长聘请他在法兰西大学开设斯拉夫语言和文学讲座。

1848年密茨凯维奇在罗马曾组织波兰志愿兵团，参加意大利的民族解放战争。1849年在巴黎主办法文版的国际性报刊《人民论坛》报。在发刊词中，他指出欧洲的民族已不可能单独走上进步的道路，他号召欧洲各被压迫民族和人民团结起来，为反对专制制度和建立独立民主的国家而斗争。当主编时写了近百篇政论和评论文章，后因反对法国出兵支持意大利反动势力，《人民论坛》报遭查封。法国政府还勒令波兰籍编辑人员退出编缉部，刊物于是停刊。他的生活面临困难时，法国教育部长福托尔任命他为巴黎军火库图书馆管理员，这样他成了一个法国国家公务员。

1854年爆发俄土战争，密茨凯维奇想去土耳其组织军队抗击沙俄未能如愿。他不幸染上霍乱于11月26日在君士坦丁堡去世。

笔者去造访的密茨凯维奇纪念馆位于立陶宛共和国维尔纽斯市（Vilnius）维尔尼亚（Vilnia）河畔，那是一座十七世纪上半叶建的楼房，很可能于1898年诗人100周年诞辰时建为纪念馆。也有一说是在1911年时《立陶宛季刊》编辑奥勃斯特（Jan Konrad Obst）按照《塔杜施先生》一书收集的资料布置成此馆。1955年诗人去世100周年时重新开放。1983年再次装修，地址是本那廷巷（Bernardin's Lane）。

故居位于幽静的小路上，深棕色的大门上装饰着狮子头像。二楼窗户下灰色石碑以金色刻着立陶宛及波兰两种文字"亚当·密茨凯维奇纪念馆"。诗人1822年在此居住，完成长诗《格拉齐娜》。该诗描写这位女英雄扮男装，率领骑士与入侵的日耳曼骑士团作战，最后壮烈牺牲。

当年他住在楼下靠左侧的房间，展出他的画像、头像及多种奖章。书橱中是他著作的各种版本。玻璃柜内放着当年维尔纳大学的注册名单，上有诗人的名字。那张讲究的木制安乐椅，靠背和扶手处都镀着金，这是他的孙子所捐出。住所的地窖为当年的波兰和立陶宛的诗人、文化及艺术界人士聚会之地，现在也保持当年的原状。

离故居不远见到诗人的纪念碑，双手合抱于胸前。据说此碑于苏联解体后所建。华沙、克拉科夫、波兹南及巴黎均建有他的纪念碑。

在维尔尼亚河岸对面，有座亚历山大·普希金纪念馆，那原是俄国诗人的儿子格里高莱（Grigory1835‐1905）的住所。

密茨凯维奇去世后，遗体先是安葬于巴黎的波兰人坟场，几乎所有在巴黎的波兰人都来致哀。1890年迁葬于克拉科夫的瓦威尔（Wawel）大教堂地下诗人墓穴。旁边是诗人斯托瓦基（Stowacki）之墓。

密茨凯维奇留下的巨大文学遗产是多方面的，包括诗歌随笔、戏剧等，对波兰文化产生了深远影响。他的第一部诗集被认为是波兰浪漫主义的开始。他的作品充满了爱国主义情怀，成为波兰文学教育的永恒元素。他的诗将波兰语言与创作力融合在一起，把波兰的民族诗歌推向新的高峰。

他经历了监禁、放逐和流亡。以后写激烈的政论，进而亲身参加民族解放战争，实现为祖国的自由独立而献身的理想。

2001年巴黎出版的《密茨凯维奇、法国与欧洲》一书称：关于今日欧洲一体化的构思，密茨凯维奇是"自由国家和民族联盟建立于文化结合及价值共享"这一设想的先驱者。

旅游资料

密茨凯维奇纪念馆（立陶宛维尔纽斯市（Vilnius）

·地　　址：本那廷巷17号Barnardin's Lane17

宣告破产二十次的作家

——造访大仲马的基督山古堡

大仲马（Alexandre Dumaspere1802－1870）出生于巴黎东北约一百公里的小镇维莱科特雷（Villers－Cotterets）。他的祖父住在圣多米尼克岛，即现在的海地。他的寓所面对小岛基督山。他原是侯爵，以基督山侯爵之名过着隐居的生活。大仲马笔下的小说以此而命名。

他的父亲是十八世纪末法国资产阶级革命军队的一名将领，因对拿破仑远征埃及不满而受冷落。从埃及回来时在那不勒斯被捕入狱，未几去世（也有战伤死在医院一说）。他的小说《圣·斐丽斯》以那不勒斯为背景，是为父亲不平而写。

大仲马幼年时在一位教士那儿受初级教育。十四岁时进律师事务所当小职员，以后又在公爵府当档案保管员。

1823年去巴黎，在奥尔良公爵即未来的国王路易·菲利普那儿当抄写员。以后写浪漫戏剧《亨利第三及其宫廷》，这出影射复辟王朝统治的戏剧，1829年于法兰西戏剧院上演时获得成功。

他青年时即痛恨波旁复辟政权，是坚定的共和主义者。他参加了1830年7月革命推翻复辟王朝的战斗。第二帝国时期他是拿破仑第三政府的反对派，长期流亡在布鲁塞尔。晚年参加加里波第领导的战斗。

◎ 大仲马画像

1830年写出历史剧《克里斯蒂娜》。1831年的《安东尼》震动巴黎。

二十年代中期读了不少历史书籍，以后创作历史小说仿效英国小说家司各特（Walter Scott1771－1832）。1844年大仲马写的《三个火枪手》（三剑客），使他成为最受法国民众喜欢的通俗小说家。主人公达达尼昂和他的三个好友火枪手，为解救王后，冲破红衣主教（任首相）黎塞留设下的重重障碍，去伦敦取回王后送给白金汉公爵的首饰。刀光剑影，动人心魄。小说先在报刊连载，再出版成书。

《基督山伯爵》（1844－1845）背景跨越波旁王朝和七月王朝两大时期，是他最富正义感、政治倾向最鲜明的佳作，也是世界人民最熟悉的小说。小说主人公邓蒂斯因替密谋推翻复辟政权的拿破仑党人传送信件，遭到效忠复辟政权的无赖之徒的迫害，被送入死牢。但也有人认为这一百万字的巨著，主要靠情节曲折，并未把七月革命前后法国的社会矛盾和阶级矛盾表现出来。这部小说于1844年部分刊于《争论》，即引起轰动。1845年印成十八卷的书，1848年改编成舞台剧。现在有多种译本，搬上银幕二十多次，最早为1907年。

大仲马的著作不能称为真正的历史小说，而是历史演义。因而与历史事实常相差甚远。但情节曲折离奇，人物栩栩如生，抒述主人公的冒险奇遇，别具一格的方式描写了法国几百年的社会风貌。他与雨果、缪塞、奈瓦尔（Nerval1808－1855诗人，散文家）为法国浪漫派四大巨头。

以后十年间他自称写了四百部小说，一般

◎ 基督山古堡

◎ 古堡外墙上大仲马祖先的头像

◎ 前厅展出的《基督山伯爵》演出海报、假花及水果

◎ 摩尔式卧室

统计为两百多部。他也是著作搬上银幕最多的作家。

大仲马办过报纸，组织过自己剧本的演出，又兴建城堡，大宴宾客，终至宣布破产达二十次。他又暴饮暴食和过度疲劳，1870年于睡梦中去世于迪耶普（Dieppe）的小仲马家中。家乡为他举行隆重的葬礼，雨果因家中有重病人，未能前去参加。

他在给小仲马的信中写道："本世纪没有人受欢迎的程度超过大仲马……大仲马的名字不仅是法国的名字，而且是欧洲的名字；不仅是欧洲的名字，是世界的名字……他挖掘人心，又在人心里播种。他播下的种是法兰西思想。法兰西思想包含了大量人文主义精神，结果凡是有法兰西精神深入的地方，便产生进步。"大仲马生前曾去根西岛（Guernsey），看望放逐中的雨果。

他被安葬在巴黎的蒙马特尔公墓。2002年12月迁葬至先贤祠。

◎ 大仲马的伊芙堡

　　大仲马在巴黎西北部濒临塞纳河的麦尔理港（lePort-Marly），买下了一块位于山丘上的土地。在他不断改变施工计划下，建成的住宅像一座古堡。附近的居民很快称之为基督山古堡，当时小说《基督山伯爵》仅闻世三年。

　　古堡于1847年7月完成，他声称已完成地面上的小型天堂。他邀请了50名客人，但贺客多达600人，许多访客他都不认识。从此他在这里从早到晚，不停地写作。

　　古堡生活只维持了半年。1848年1月被法院查封，5月所有的家私、古玩、艺术品、名画、壁毯、吊灯等都被拍卖。1969年古堡面临拆毁的危机。1971年大仲马之友协会与地方行政机构联合起来保护国家文物，摩洛哥国王哈桑二世也鼎力相助。城堡得以修茸一新，改为纪念馆，1994年向公众开放。

这座堂皇的大厦，正面有二座塔楼。四周外墙上面嵌着大仲马祖先和他自己的头像。

一楼展出大仲马的画像（但仅俱名无名氏作）、他写的《我的回忆录》、《基督山伯爵》演出的海报、及画上各种演出剧目的磁碟。一大盘的假水果，色彩鲜艳，几乎乱真。

二楼展出他著作的各种版本（包括红色封面的精装全集）、著作中的插图、各种电影的海报、《三剑客》的剧装。他的《烹饪字典》中提及袋鼠肉、大象脚。有一张漫画中，他的写字台上放着一只大酒桶，多人正接力加酒入桶。

他的卧室装饰成摩尔式，彩色缤纷，充满阿拉伯情调。当年他自突尼斯归国时，经当局许可带了突尼斯人尤尼斯父子，来帮他装饰。因而据说可以媲美突尼斯的总督府。他将这二人的名字，以蓝色刻在

◎ 马赛附近的伊芙堡

墙上。

三楼展出巨幅的沙皇加冕礼图，及俄罗斯风景画和各色的套娃玩具（matryoshkadolls）。1858年大仲马曾去俄罗斯及高加索旅行达十个月之久，被当作王子般接待，还坐着雪橇去猎熊。

大仲马在兴建基督山古堡的同时，又在旁边的山坡上建了一座小古堡，称之为伊芙堡。由于基督山古堡这新居，没给他带来宁静的环境，他改在这小古堡的楼下写作，在二楼一间小屋休息。

◎ 大仲马墓地（巴黎蒙马特尔公墓）

伊芙堡外墙的白色小石块上，分别刻上了他88部小说、剧本和旅行记的名称。由于面积限制及安全理由，现在不开放。

真正的伊芙堡（Chateaud'If）是位于马赛西南2公里的小岛。传说中为《基督山伯爵》小说中主角监禁之地。该小说第八章即名为"伊芙堡"。罗马皇帝恺撒（Julius Caesar）当年将此岛称为"面向马赛之岛"，其时正值他的舰队准备与庞培大军奋战之时。法王弗朗索瓦一世1516年视察马赛时发现其战略价值，下令建筑炮台，1531年完工。城堡每边28公尺，由三个放置大炮的圆塔组成。位于西北角之塔面对大海，也最高（22公尺），位于东北及东南之塔面向城市，此三塔由宽的通道相连接。马赛居民对之并不欣赏，称之为"讨厌的邻居"。当200名士兵及22门大炮放在岛上时，居民不断抗议这个意味着他们领域上的中央权力。马赛于1481年为法国并吞时，保留自身的保卫权，因而此堡垒的修筑曾招致双方不和。

由于地理位置及城堡之设计，使之以后作为不易逃脱之监狱。院子内的纪念板上写着纪念1848年120名被捕者及1545-1750年被判刑的3,500名新教徒。最著名的囚犯是法利亚神父，是《基督山伯爵》小说中提到的巴黎人的偶像。尽管没有邓蒂斯在此入狱的记录，有一处却被指出为监禁邓蒂斯的地牢，且标明他逃狱前挖掘的洞穴。岂非将小说与现实熔于一炉？

旅游资料

基督山古堡（麦尔里港PortMerly）
· 地　　址：肯尼迪大街1号（1AvenueJ.F.Kennedy）
· 开放时间：星期一至五10：00-12：3014：00-18：00
　　　　　　星期六及日10：00-12：00
· 交　　通：巴黎搭RERA火车至圣日耳曼昂雷
　　　　　　（St.Germain-en-Laye）后，于火车站附近乘
　　　　　　10号公共汽车。在les Lampes下车，再步行前往。

超时代的女作家

——寻访乔治·桑故居

　　法国女作家乔治·桑（1804－1876）以叛逆的女性闻名。她抨击贵族社会的腐朽、虚伪，同情劳苦大众，热爱乡村和纯朴的农民。她反对男性对妇女的压迫，争取妇女自由，对平庸的婚姻不满，赞同建立于爱情基础上的婚姻。她一生为妇女摆脱夫权，为保障她们获得身心自由而斗争。她反对门第观念，遇见情投意合的男性，不顾公众的舆论，大胆与之恋爱、同居。

　　她原名奥罗尔·杜贝，出生于贵族世家。曾祖父是十八世纪法国有名的金融家，拥有贵族的称号，写过两本经济和政法的理论著作。她的祖父担任过阿尔萨斯州的收税官，喜欢写诗作曲，他与一名元帅的女儿结婚，即是桑的祖母。桑的父亲是拿破仑帝国的一名高级军官，在她4岁时坠马身亡。奥罗尔靠祖母抚养，且为老太太在诺昂（Nohant）地产的继承人。她的祖母出身于波兰的王族，有高度文化修养，

◎ 乔治·桑画像

但专横，对她管教甚严。祖母要她"学贵族的样，将来嫁一个贵族"。而桑的母亲是一名捕鸟师傅的女儿，经历过一个贫困女子在动乱时代的岁月。奥罗尔从母亲被压抑、被歧视的事实中，深感高贵者对弱者、对平民的偏见。在祖母的教育和指引下，很早成为卢梭的信徒。莎士比亚、拜伦和夏多布里昂的作品也使她入迷。13岁时被送入修道院。3年后她想终身侍奉上帝时，被祖母领出修道院。在她最需要人帮助时，祖母于1821年去世，留给她50万法郎家产，包括诺昂别墅、田庄和巴黎的房产。

1822年乔治·桑与卡西米尔·杜德望男爵结婚。

1830年他结识于巴黎正攻读法律的于勒·桑多。7月于勒第一次来到诺昂，二人常在林中谈心。12月在丈夫书桌内发现一个给她的纸包，上面写着待他去世后打开。她拆开一看，信中对她充满了怨恨。她立即宣布离开诺昂。以后两地每年各住6个月，给丈夫每年生活费3000法郎，维持这个貌合神离的家庭。

1831年的巴黎经常发生革命，文学革命也不亚于政治革命。她在巴黎作男装打扮，戴灰色帽，系羊毛大领带。常去戏院看戏。住在圣米歇尔河沿区，要爬六层楼。她为人画像，收费十五法郎，当时一些穷画家只收五法郎。

在巴黎经人介绍去《费加罗报》工作。不久于勒与之合作写作，署名于勒·桑。

她的五卷本小说《玫瑰红与雪白》，描写一个女喜剧演员与一个

◎ 诺昂故居大门

◎ 诺昂故居

修女的一生。她把修道院的回忆、母亲的隐情话、旅行的印象都写了进去。书中应出版商要求写了些轻佻的笑话，颇为畅销。

1832年于巴黎写反映妇女问题的小说《印第安娜》，从此开始用"乔治·桑"这笔名。很快巴尔扎克在《漫画》上撰文赞扬该书。出版商又为她出版《毕郎丁》，书中对自己的故乡贝里描绘颇详。这两部书都受到圣西门主义者的推崇。

以后不去报社。白天接待访客，晚上埋头写《侯爵夫人》等中篇小说。该书有她祖母杜邦德·弗郎克伊夫人的影子。

1833年与于勒决裂。以后于勒以自己的遭遇写了小说《丽安娜》，客观地描绘了他的第一位情妇，也刻画了桑对他本人的评价。

文学评论家圣·勃夫（Saint-Beuve1804-1869）读了她的第三部长篇小说《莱莉亚》后，介绍她认识小说家梅里美。1833年起梅里美追求桑。她屡次答应见他，但最后一刻以头痛及丈夫归来的借口而回绝。

后来终于接见了他，把他当作知心人，将莱莉亚的痛苦向他倾诉。她为他广博的知识征服，再次堕入新的情网。她成了现实中的莱

◎ 故居客厅

◎ 乔治·桑卧室

莉亚，渴望爱人，更渴望被人爱。

1833年《两世界评论》发表了缪塞的长诗《罗拉》，杂志主编设宴招待撰稿人。主人介绍缪塞给桑，并请他陪同入座共餐。当时缪塞23岁，但饱经辛酸，愤世嫉俗。在《罗拉》中提出一个富有社会意义的问题：在复杂而又黑暗的现实世界中，个人怎样寻求出路。全诗充满了"生活在无希望的世纪"的苦闷。缪塞比桑小六岁，已写了不少诗。第二天他重读《印第安娜》，写了诗《印第安娜读后》和短简给桑。以后桑在家中接待他。缪塞称"要求的只是一个高尚纯洁的友谊"。缪塞还为桑一家三口画了一幅写生。

以后桑给圣·勃夫信上说："是他的眼泪使我屈服了。"在另一封信上承认她已爱上缪塞。不久缪塞搬去桑在巴黎的住所，他们一起去枫丹白露骑马，缪塞将此写入他的《一个世纪儿的忏悔》。一次在悬崖上，缪塞说为了爱情，要二人一起向深渊跳下去。

乔治写稿认真、守时，常半夜起来赶稿。而缪塞工作慢，如有人邀请他郊游或与漂亮女人谈心，立刻逃避工作。

在威尼斯桑病倒，缪塞独自去酒吧鬼混。回来见到桑坚持在床上写作的稿纸，反而怨恨她。

桑在威尼斯隐居了5个月，完成《雅克》、《安德烈》、《马蒂姬》等书。在献给缪塞的《雅克》中，她认为最不道德最不合理的，并不是那种以真正爱情作基础但为社会所不容的婚外结合，而是那种没有爱情但为社会承认的合法婚姻。

以后缪塞"永远地"离开法国，去了瑞士。与缪塞的三年爱情纠葛终于结束了。这对他们二人的生活和创作，都有巨大的影响。

正如每次受打击之后，桑把自己交给自然。她去荒野，与各种植物交流，与鸟类对话，大自然医治好她。

由于卡西米尔对孩子们的粗鲁，作地产投机和期票到期都要桑付款，因此桑迫切需要分居和分财产。

◎ 乔治·桑书房

　　离婚的初步协议是诺昂归桑。桑与卡西米尔分担女儿、儿子的抚养费。法院判决桑以40,000法郎代价拿回房产，但失去维持该房子开支的进款。

　　桑是卢梭的信徒，也是共和政制拥护者。在圣西门主义的信徒皮埃尔·勒普影响下，成了一名空想社会主义者。1840年以后，写出了一些带有这种思想色彩的小说。

　　1848年2日，共和国成立，桑在议会中有一定地位。她满怀热情地写了五篇社论、《致人民的信》等。她自己创办了《人民的事业》。官方刊物《共和国公报》二十多期中，一半出自她的手。她自认为是社会主义者，参加巴黎的五月游行。她期望资产阶级失败，却不参加任何政党。

1848年6月革命失败，她的政治理想破灭。1849年11月2日于报章发表文章，呼吁对6月起义参加者宽大处理。

1851年路易·波拿巴政变，朋友们纷纷被捕，她也岌岌可危。从此政治上变得消极。她对巴黎公社不理解，但反对残酷镇压公社社员。以后将注意力转向家庭与子女。

写作始终是她的爱好和理想，也是她的谋生手段，任何情况下她都坚持写作。四十年中她发表了八十部作品，大部分是长篇小说，其他包括短篇小说、戏剧、散文和书简。传世之作为空想社会主义小说《康素爱罗》（1842-1843小说主角的原型是屠格涅夫的好友、女歌唱家波里娜·维亚尔多）、《安吉堡的磨工》（1845）、田园小说《魔沼》（1846）等。她的《私人日记》、《通信集》、《旅行者信札》堪与最优秀的作家相媲美。她写作的黄金时代在巴黎文坛上的地位凌驾于巴尔扎克、司汤达上，甚至在十九世纪后半期，威望也没有成为明日黄花。据称她的作品对陀思妥耶夫斯基、托尔斯泰、普鲁斯特（Proust1871-1922法国作家）都有很大影响。

诺昂的故居是她祖母1793年购置的。桑4岁时来此居注，在大自然中欢乐地度过童年。她在花园中漫步，在田野里照顾动物，捡禽蛋，结识同龄的农家孩子。她从修道院回来时，侍候在祖母病榻旁。祖母去世后她负起重担，骑马巡视各处。《我生命的故事》书中称童年的记忆使她在感情上与诺昂紧系在一起。"我不能在离开诺昂时不流下悲痛的眼泪，也不能在再次回家时不流下欢乐的泪水。"

有十四年她不在诺昂住。1837年诺昂真正回到她手中，朋友们也先后回来。1837年起每年夏天在此接待当代文人。先后到访的客人有28位之多，包括巴尔扎克、屠格涅夫、福楼拜、大仲马、小仲马、画家德拉克洛瓦、卢梭等，凡四十年。在作家中，他与福楼拜交往最为深厚，长达二十年。诺昂设有"德拉克洛瓦画室"为画家之用。

1837年李斯特和玛丽·达古来做客住下，安排在楼下有钢琴的大房。巴尔扎克来做客时发现"桑穿着睡衣，在大寝室中火炉旁抽雪茄。她早上六时上床，中午起身，有三整天我们从黄昏五时一直谈到早上五时。"桑每天早上骑马，常忘掉时间。一次被河水淹没，从头到脚湿透。

　　1839年桑带萧邦来住。他们如同夫妇，各自创作，桑又要照顾患结核病的萧邦。1841至1846年连续六年夏季，两人都在诺昂度过。当年萧邦所住的房间已清拆，改为桑扩建的书房。

　　客厅中挂着桑和孩子们的画像。壁炉上方的桑的画像为Charpentier所画，也有儿子莫里斯作的画。

　　卧室中陈列着路易十六时代的家私，在蓝色的床帘和墙纸上都饰着白色神话人物的图案，这是她祖母生前居住和去世的房间，也是桑1867至1876年住的房间。

　　楼下面的院子建有业余剧院，还保留着各种音响效果用具，如制造风、雷、雨及鸟语的器械。桑定下剧情，写出对白，孩子们及朋友选择自己演出的角色，没有观众，纯为自寻乐趣。剧场可纳五十人，但有时家中仅剩下四人，于漫漫寒夜，二人演出给二人观看。服装由桑裁制。这是当时上层社会的一种活动，也是桑对巴黎剧院主持人提出剧目演出前的试演。

　　造访者似乎可闻到厨房飘出的果酱香味，银匙放在草莓叶装饰的磁碟之咔嗒声，玻璃酒杯的玎玲声，萧邦在椭圆的桌旁小声说话后的演奏以及桑的寝室的麝香气味，她温和的声音似乎正在呼叫在石级上的孙女："快来，宝贝，别受凉，你的茶已准备好。"

　　往事俱已矣。当孩子们长大了，产生新的矛盾和冲突。1846年儿子莫里斯23岁，女儿索朗兹18岁，高傲而懒惰，恰似其父，还继承了外祖母的多疑、善变、偏激和嫉妒。家中和睦相处的是莫里斯、桑和奥古斯蒂娜（桑收养的远房侄女）。索朗兹挑拨萧邦来敌视他们，而

◎ 乔治·桑墓地

萧邦又希望自己是桑感情的唯一目标。莫里斯对母亲说，如果萧邦在诺昂，他就离家。桑对萧邦发问，为什么两个男子谈不到一起呢？桑在这次冲突后，很快就完成《吕克里齐娅-弗洛利亚尼》，描写自己与萧邦这对古怪的情侣。1848年冬萧邦的朋友向他指出，他就是书中的卡罗尔王子，他才明白，然后自苏格兰写信表示自己的愤怒。

以后在家庭中，索朗兹与丈夫克莱辛格向莫里斯发难，甚至克莱辛格向丈母娘饱以老拳。而萧邦又受索朗兹挑拨，站在她那边。桑1847年7月18日在当年的卧室中，曾写长信给好友Emmanuel Arago，吐露了她内心的苦楚和忧虑。家中儿女与求婚者之间，几乎要动武用到手枪和铁锤。诺昂发生了恨和妒的可怕故事，但最大的问题还是萧邦与桑的女儿有染。

（注）桑的孙女葛佩雷（Gebrielle）于1909年去世。她的姐姐奥罗尔（Aurore）在西班牙定居，1940年回到诺昂，将大屋给比利时难民住。1943年她掩护法国抵抗力量及八名英军。法国光复后获得荣誉

勋章。1952年她将诺昂交给法国政府，作为历史文物保留。

桑于1876年6月8日去世。10日的葬礼上，雨果的悼词：

"我为一位去世的女士悲叹

和向一位不朽的女士致敬，

我爱她，

我赞她，

我尊敬她，

今天在死亡的尊严和平静中，

我思念她……"

福楼拜在葬礼中大哭二次。"她将永远是法国的名人之一——是举世无上的光荣。"

她的简单的墓地在附近的乡村墓园。没有直立的墓碑，灰色的石盖上刻着"GEORGE SAND"。大字下面是她的原名和生卒年月。

（注）资料来自《George Sand's Houseat Nohant，2005》

旅游资料

乔治·桑的诺昂故居

· 地　址：诺昂（Nohant）离Cateauroux20公里开放时间：4月
　　　　　至6月，9月9：30－12：4514：00－18：30
　　　　　7月，8月9：30－19：00
　　　　　10月至3月10：00－12：3014：00－17：00
　　　　　每30至45分钟随团参观

· 交　通：自巴黎Gared'Austerlitz坐火车至Chateauroux，车程
　　　　　约2小时。再转公共汽车（该车目的地是Chatre
　　　　　Monlucon早上开出时间：6：30－10：00）至诺昂。

创作史诗《俄罗斯妇女》的诗人

——造访涅克拉索夫故居和墓地

俄国著名诗人尼古拉·阿列克谢耶维奇·涅克拉索夫（1821－1878）出生于乌克兰波多尔斯克省维尼茨县涅米罗夫镇。父亲是军官，退休后举家迁往雅罗斯拉夫县格列什涅沃村。尼古拉亲眼见到伏尔加河上纤夫的艰苦劳动，倾听他们凄凉的哀号和呻吟。家门前经过的一批批政治流放犯，带着镣铐被解往西伯利亚，给他的童年留下了深刻的印象。

他中学毕业后被送去彼得堡进武备学堂。他径自去彼得堡大学旁听，父亲中断经济支持。从此他过着饥寒交迫的生活。

1838年于《祖国之子》杂志发表短诗《思想》。1840年出版诗集《幻想与声音》。十九世纪四十年代初发表了大量论文、小说和书评。期间结识别林斯基，渐渐形成革命民主世界观。他的小说《在旅途中》深深感动了别林斯基。故事是一个车夫讲他娶的一名陪嫁孤女的悲惨命运。《摇篮歌》揭露官僚

◎ 涅克拉索夫像

们的贪污枉法，矛头直指当时的权贵。《故园》取材于自己童年和少年时代的经历，怀着愤怒的心情描写地主庄园生活。俄国宣布解放农奴后写的长诗《货郎》，指出在新的剥削形式下，农民的命运比过去更悲惨。

1847年与帕纳耶夫合编《现代人》杂志，以后邀请车尔尼雪夫斯基、杜勃罗留波夫参加编辑事务。1866年《现代人》被封。1868年编《祖国纪事》。

涅克拉索夫写了多首著名长诗。

1862年他写的《严寒，通红的鼻子》（又译为《红鼻头严寒大王》）讲农民无论生活多么艰难，仍然勇往直前，能击退任何敌人。一个丈夫因辛劳过度早逝的农家妇女，靠收割黑麦、织麻布、抚养儿子长大，但儿子却被拉去当新兵。她最后于歌声里在梦中与死去的亲人重逢而安静地去世。魏荒弩先生认为在他全部创作中，以思想性与艺术性的结合、情与景的交融的自然而言，以本诗为第一。

《谁在俄罗斯能过好日子》（1863－1877）是十九世纪俄国文学中最富有民主倾向的杰出诗篇。他把农民放在作品中心，以农民的角度观察世界，真实地表现了底层人民的苦难及对幸福和真理的渴望和斗争。他用了十四年时间写，但未能完成。

1870年在《祖父》一诗中，提到两位十二月党人的妻子的崇高精神。以后完成了堪称为史诗的《俄罗斯妇女》（1871－1872），详细地介绍了两位贵族夫人攀涉千山万水，到西伯利亚去寻找被流放的丈夫，并坚毅地在那儿终身陪伴丈夫的故事。

《俄罗斯妇女》第一卷的标题是《特鲁别茨卡娅公爵夫人》。这位十二月党人的妻子于1826年离开京城，踏上征途，前往西伯利亚追随丈夫。

我的路途遥远，我的旅程艰难，

我的命运是可怕的，

◎ 涅克拉索夫纪念馆

但我的意志坚强如钢……

前进的路上，她梦见了自己的青春年华，

但是她再也不要返回过去的日子……
彩虹般的梦境已经消失，
在她的面前呈现出
被上帝遗忘的另一些情景……
她梦见一群群穷苦人
在田间和草地上劳动，
她梦见伏尔加河岸上
纤夫们在不住地呻吟……

走了二个月后来到伊尔库茨克，随从因疲累而病倒。她继续前进。

伊尔库茨克的省长，早年在她父亲部下供职过，劝她早点回去，要她想想自己美好的年华。

那里的监狱实在可怕，
矿坑更是深不见底。
你不可能得到
跟丈夫单独见面的时机……
那里有五千名流刑罪犯
夜夜都要进行厮打、残杀和枪袭……
让你的丈夫去吧……他是有罪的……

公爵夫人表示了誓死要去的决心：

纵然我会死去，

但并没有什么遗憾！……

我要去！我要去！

我要死在我丈夫的身边。……

我绝不将眼泪

带进那万恶监狱的大门。

省长除了以宫廷、舞会来诱惑她之外，还甚至提出了：

你要是另有新欢，

法律将不会剥夺你的权利……

公爵夫人报之以"住口"，并说：

要我回去吗？叫我生活在诋毁、

无聊和愚昧的世俗中？……

我再也不要看见

那些出卖灵魂的和脑筋迟钝的人，

我再不愿与屠杀自由和圣徒的

刽子手相见。

最后一招是省长提出她必须在弃权书上签名，她将被剥夺一切财产及农奴管理权，作为流刑犯的妻子，永远居住在西伯利亚。

她的回答铿锵有声：

你当真认为，

我们的权利是真正的权利。

◎《现代人》、《祖国纪事》编辑部

◎ 涅克拉索夫的书房

不！这些东西我并不珍惜，

弃权书你快去取！

哪儿是弃权书？我要签字！

　　拖了五天，最后省长提出无权调拨马匹，要派护送队押送她在风雪中徒步走去。

　　她的回答是："我步行，反正我的决心已定！"奉有严厉命令要设法阻拦她的老将军终于感动到流泪，即使保不住脑瓜，也下令套车给她。

第二卷的标题是《沃尔康斯卡娅公爵夫人》，这位贵族夫人首先遇到的是家人的阻挠。面对父亲的愤怒和其他家人的责备，她大义凛然：

在那遥远的阴沉的荒漠，

在那儿监狱的一个角落，

有一名疲惫的囚徒

正承受着残酷思想的折磨……

只有在那里我才可以自由呼吸，

我既然与他同享过快乐，

就应该同他共坐监狱……

这才符合上天的心意！

离开孩子时，她哭着诉说：

我可怜的孩子，请原谅我吧，

为了你的父亲，我得把你割舍……

父亲仍然怒气冲冲：

当心啊！过一年就回来吧，

否则……我就不认你……

途经莫斯科时，一位她称之为姐姐的亲属为她举行宴会。作家及一些达官贵人向她互道珍重。

在涅尔钦斯克她会合了特鲁别茨卡娅。

我们会找到遭受凌辱的、悲伤的丈夫。

我们将是他们的安慰，

我们将以忍耐来战胜苦楚，

我们将在那可恨的监狱里，

去作死人、弱者、病号的支柱。

她俩在熊熊的火光的矿场上，先是找到特鲁别茨科伊，也把信件一一转达。在更深的一个新矿坑中，沃尔康斯卡娅公爵夫人在众人纷纷让路的沉默中，见到丈夫伸出双手呼喊她。

看见了我丈夫身上的镣铐，

完全懂得了他的种种苦痛，

他吃过许多的苦头，

而且善于忍受苦难！

我在他的面前不禁双膝跪倒，

在拥抱我的丈夫以前，

我首先把镣铐贴近我的唇边！……

此时人人眼里都含着泪。

四周围站着的人们，

是那么苍白、严肃，是那么激动。

在那些站着不动的脚上没有发出一点镣铐声，

那伸高举在空的铁锤也停滞了，一切静悄悄——既没有话说，也没有歌声——

好像这儿的每个人都同我们一起
尝着我们会见的幸福和痛苦！

　　这部长诗《俄罗斯妇女》塑造了女性高大的形象。她们离开贵族庄园冲破重重障碍，勇敢追求革命的理想，将忠于爱情的誓言化为行动，坚决走向苦牢与丈夫在一起。这在描写妇女的作品中，是少有和难能可贵的。笔者疑惑的是俄罗斯和全世界有那么多剧作家、电影家和作曲家，为什么就没有人把《俄罗斯妇女》搬上舞台和银幕及写成交响诗呢？

　　于生命的最后一年，涅克拉索夫忍受着癌症的痛楚。1877年3月他用诗写的遗嘱《最后之歌》出版，1878年1月8日去世。

　　涅克拉索夫1857至1878年在圣彼得堡的故居，于1946年苏联部长会议上决定建为纪念馆。诗人在此居住的二十年，这里是《现代人》和《祖国纪事》的编辑部，是传播革命民主主义思想的摇篮。

◎ 涅克拉索夫的书桌　　◎ 涅克拉索夫的卧室

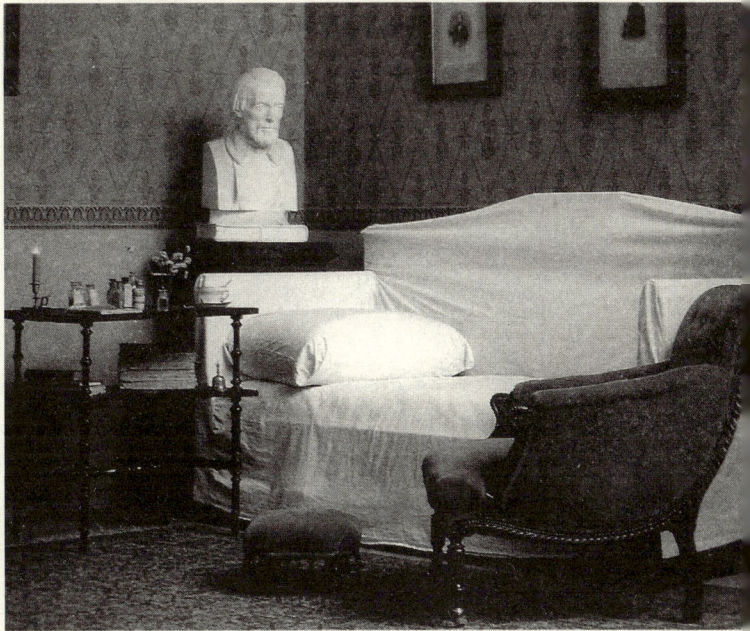

◎ 涅克拉索夫的塑像

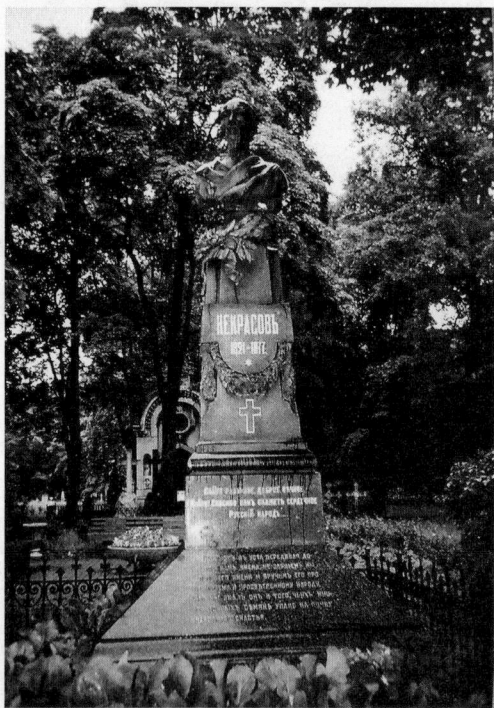

◎ 涅克拉索夫的墓地

一进门是当年该两大杂志的编辑室和接待室。长沙发上方的墙上挂着英国作家狄更斯、司各特及拜伦的像。车尔尼雪夫斯基及杜勃罗留波夫的办公桌说明他们都是站着工作的，附近墙上分别是歌德与席勒的画像。当年不少著名作家都支持并投稿，如屠格涅夫、托尔斯泰、奥斯特罗夫斯基、冈察洛夫等。

涅克拉索夫的书房中，写字台上方为别林斯基的面模。桌面上为别林斯基像，以及别林斯基和果戈里的小铜像。

编辑室和书房中都展出剥制的熊，柜顶还放着鸟类的标本，可见他是喜欢狩猎的。

卧室中铺着白色床单的是他临终时睡的床，床头是别林斯基的半身塑像，床头小桌上堆满了药瓶。

餐室中墙上是屠格涅夫、别林斯基及涅克拉索夫的画像。

纪念馆中多处展出别林斯基的画像及塑像，自不寻常。十九世纪四十年代初，涅克拉索夫结识别林斯基，在后者的帮助下，走上革命民主主义的道路。别林斯基去世于1848年，当时审查制度仍不准提他的名字。涅克拉索夫于1855年写了长诗纪念他。1867年在抒情喜剧《熊猫》中，再次抒述对别林斯基的缅怀：

别林斯基特别令人爱戴——

向着你那多灾多难的幽灵祈祷，

导师啊！在你的名字面前

请让我恭顺地双膝跪倒！

那些日子，在俄罗斯一切都因循守旧，

昏昏欲睡，并可耻地谄媚逢迎，

你的智慧沸腾了——你顽强地劳动着，

开辟出一条崭新的途径。

你慈爱地教会了我们思维，

你几乎是第一个想起了人民，

你几乎是第一个跟我们

提起了自由、博爱、平等……

可是你的丧钟敲得太早，

你那先知的笔已掉落，从你的手中，

一颗多亮的理智巨星陨落了！

一颗多高洁的心停止了跳动！

馆内展出《谁在俄罗斯能过好日子》及《严寒，通红的鼻子》的手稿。书柜中是他著作的不同文字的译文本。

另有二室辟为帕纳耶夫纪念馆。帕纳耶夫（Ivan Panaev1822－1891俄罗斯作家）是涅克拉索夫的好友，当年也参加了编辑工作。

涅克拉索夫的墓地在Novodevichie修道院内，那是动身前去问了俄罗斯驻香港领事馆查询才获悉的。

（注）本文所引涅克拉索夫诗句均为魏荒弩先生所译

旅游资料

涅克拉索夫纪念馆（圣彼得堡）
· 地　　址：Liteyny Prosp.36
· 开放时间：11：00－17：00星期二闭馆
· 交　　通：近地铁站Chernyshevskaya

揭露和鞭策人类灵魂的作家

——寻访陀思妥耶夫斯基纪念馆

俄国著名作家陀思妥耶夫斯基（1821－1881）出生于莫斯科。父亲是医官，又是图拉省地主，因虐待农奴于1839年被农奴打死。这件事给他印象至深。

他幼时由父亲亲自教拉丁文，晚上全家举行读书会。他爱读卡拉姆辛的《俄罗斯国家史》和小说《苦命的丽莎》。他的长篇小说中有不少温顺的女性，显然有他母亲的影子。

1838年他就读于彼得堡工程学校。在校期间结识了后来成为著名作家的格里戈罗维奇（1822－1899）、画家特鲁托夫斯基（以后他作了第一幅陀思妥耶夫斯基的画像）等人士。1843年毕业后在工程局绘图部工作。一年后离职专门从事写作。

1843年巴尔扎克访问俄国后，陀思妥耶夫斯基将他的《欧也尼·葛朗台》译成俄文。

◎ 陀思妥耶夫斯基像

1845年完成第一部长篇小说《穷人》。该小说由书信体组成，描述因家道中落而去城市谋生的小人物，受到欺压，终至跌至最低层，但环境的压抑没能扑灭爱情的火焰。小说中一个小公务员与做活计的女工相濡以沫地爱着，最终这对忘年之交还是要被拆散。

他将这部作品连夜念给格里戈罗维奇听。第二天格里戈罗维奇把《穷人》送去涅克拉索夫家。涅克拉索夫读后，凌晨4时前来祝贺，以后又告知别林斯基："新果戈里诞生了！"《穷人》一书也确是受到果戈里的《外套》的影响。鲁迅读了称："他二十四岁时所作的《穷人》，就已经吃惊于他那暮年时的孤寂。"

1846年1月《穷人》在《彼得堡文集》上发表，但一年后三位作家间出现思想分歧。

早在1844年，陀思妥耶夫斯基因不能给予自己的农奴自由，就放弃作为地主的所有权利。他的作法引起了亲戚们的非议。

1847年受傅立叶空想社会主义的影响，他参加了彼得拉舍夫斯基小组。他认为解放农奴是通向未来的道路。有人提出如果事实证明，除了暴动别无他法解放农奴，那该怎么办？陀思妥耶夫斯基的回答是："那就暴动好了。"

1849年4月23日凌晨，他在斯拉夫主义者、批评家格里戈里耶夫家参加了讨论会后回家，倒下蒙头大睡。他突然在睡梦中被捕送去第三厅大楼，其他同遭逮捕的人员共三十七人。

沙皇宠臣、曾向沙皇告密十二月党人起义的罗斯托夫对他说："我不相信能写出《穷人》这种书的人会和那些人是同党，这不可能。你和本案牵连不多，如果你愿意说出实情，我可以代表沙皇将你赦免。"陀思妥耶夫斯基认为他只对自己的良心负责，对祖国负责，对上帝负责。

同年11月16日军事法庭判决，因他在集会上宣读别林斯基的有名的反农奴制度的《致果戈里的信》及在另一被告家宣读格里戈里耶夫的《士兵谈话录》，判其知情不报罪，剥夺其官职及所有财产权，并执行枪决。总检察官建议改为流放苦役八年。沙皇尼古拉一世改为苦役四年，但"赦免要在即将枪决那一刻宣布"。

于是在瞄准的口号后，可怕的时刻持续了半分钟。一阵急促的鼓声中，枪支指向空中，此时断续的话传来："皇帝陛下阅毕奏章，降旨如下：——退役中尉工程师费奥多尔·陀思妥耶夫斯基由死刑改为到西伯利亚鄂木斯克要

◎ 陀思妥耶夫斯基文学纪念馆

◎ 纪念馆大门

塞服苦役四年，以后贬为列兵。"

这段临刑时的痛苦，后来在他的小说《白痴》中，借梅斯金公爵之口来讲述自己受难的体验。"再过半分钟，你的灵魂将离开躯壳，你再也不是一个人了，并且这是确确实实的。最要命的就是这个确确实实的——确实连最后一线希望也给断绝了。"

流放途中，为分担丈夫苦役生活的十二月党人冯维津和安尼科夫的夫人，在托博尔斯克看望陀思妥耶夫斯基等人，还送他们福音书。

陀思妥耶夫斯基在狱中教其他难友读书识字，难友们则教他于苦恼生活中的种种窍门。流放和苦役使他的悲观思想发展，他认为西欧的方式不能解决俄国社会的矛盾，而是应该在保持沙皇政权和正教教会的前提下，实行贵族和民众的和解。癫痫病的发作也加深了他精神上的抑郁。

1854年获释，去谢米恰尔金斯克当列兵。他要求哥哥寄给他康德、黑格尔的著作和《古兰经》。

1859年3月传来了最高当局的命令：批准西伯利亚第七步兵营准尉陀思妥耶夫斯基因病退役，并晋升一级，准在特维尔定居，但严禁进入彼得堡及莫斯科。经直接向沙皇祈求，1859年12月沙皇批准他移居彼得堡。12月底他终于回到了阔别十年的彼得堡。1860年4月在一位贵族夫人的大厅里演出名剧《钦差大臣》，陀思妥耶夫斯基扮演邮政局长，屠格涅夫、涅克拉索夫、冈察洛夫、格里戈罗维奇等都扮演商人，全场一片欢腾。

1861年他结识杜勃罗留波夫，同意后者"历史学家要从人民利益的角度看待历史事件"的观点。尽管与车尔尼雪夫斯基（《现代人》杂志负责人）有分歧，但他仍为这位头头和别林斯基二人辩护。

同年完稿的《死屋日记》，真实地记录了苦役劳动时的凄惨景象和精神状态。屠格涅夫非常欣赏这本书："浴室一幕简直是但丁手笔。"人们在文学晚会上请他朗诵该书，称他为引导读者漫游地狱的新维吉尔（注1）。雨果认为该作品可与米开朗琪罗的《最后的审判》相媲美。

托尔斯泰给友人信中称："我读了《死屋日记》。我真不知道在所有的新文学当中，包括普希金在内，还有什么书比这更好的了。我昨天一整天都在享受着读书的乐趣，很长时间没这样过了。如果见到陀思妥耶夫斯基，请对他说，我爱他。"托尔斯泰的话使他激动不已。而不久前，皇太子希望能私人相识的邀请，他并不受宠若惊。

1866年发表在《俄罗斯通报》上的《罪与罚》，给他带来了空前的声誉。该书列举当时俄国社会的贫困和金钱对各类人物的毁灭性影响，又着重于主人公犯罪后的心理体验。1944年上海即上演过经改编的话剧《罪与罚》。董乐山先生看后的评语是全剧没有阴暗气氛，编

◎ 陀思妥耶夫斯基的书房

◎ 陀思妥耶夫斯基夫人的书桌

剧和导演均不成功。

1868年完成《白痴》。为什么以此命名？他认为主人公外表是美男子，精神上却是卡西莫多（注2）。是个精神上的畸形儿，又是具有现代意识的思想家。这个作者认为"正面的、美好的人"，是作者宗教思想的体现，但无力帮助周围的人，这表明作者想以信仰和爱来拯救世界的幻想之破灭。

1874年与之论战近二十年、六七年未见面的涅克拉索夫来访，以后他也常去涅克拉索夫的家。1877年12月28日在涅的墓前发表演说，他提到1863年涅克拉索夫指着他诗集中的一首诗说："我写这首诗的时候，想着的是你（在西伯利亚的生活）。"还说涅克拉索夫在诗人队伍中，应当紧挨在普希金和莱蒙托夫的身后。

1877年陀思妥耶夫斯基未被选上科学院通讯院士。

根据一宗真实的弑夫案写成的《卡拉马佐夫兄弟》（1880），是他最后一部长篇小说，也是他最杰出的作品之一。它是当时俄国社会生活的一面镜子，也是他毕生对政治、哲学、伦理、心理诸方面探索的总结。原计划写二部，但未完成第二部。

陀思妥耶夫斯基也写了不少出色的散文。在西伯利亚苦役期间，

◎ 儿童室　　◎ 小说《群魔》的场景

回忆九岁童年的往事，写成《农民马莱》（1876）。故事说他在村子里听到有人喊狼来了，他惊慌起来。那位农民看了四周，安慰他说没有什么狼，摸着他的脸，要他画个十字，祈求基督保佑。他弄清是自己的幻觉。马莱让他放心走，说不会让狼咬他。离去时几乎每走十步回头看时，马莱站在地里望着他。直至看不清时，马莱仍温和微笑着点头，这件事过后也无人知道。他深深体会到家里的农奴怀着如此深厚的文明人感情。这篇散文使人想起鲁迅先生的《一件小事》。

在普希金诞辰八十周年的纪念大会上（1880），他强调了普希金能够在心里容纳别的民族的特色，在艺术创作中表现了俄罗斯精神向往的世界性。演说完毕后，观众在欢呼声中冲到他身边，茨威格认为该演说证明他是俄国头号作家、预言家。

陀思妥耶夫斯基的故居位于铁匠巷五号的二楼。他1846年在此居住，写了《双重人格》。1878年再度迁入，直到1881年去世。

上世纪一战后他赢得许多欧美人的崇拜。1921年耿济之在《小说月报》上，介绍过这位"人类的心理学家"。三十年代后他在苏联受到排斥，俄国文学史不再提及他。但他在国际上的声誉日增，他的作品被译成多种文字。五十年代中才重新获得他应有的地位。1971年

◎ 陀思妥耶夫斯基纪念碑

　　为纪念他诞辰一百五十周年，根据他夫人的回忆录和日记、访客记录以及图片、照片及少许画册，将故居布置得一如当年。无数作家、编辑、哲学家、演员、学生等前来参观。这个陀思妥耶夫斯基文学纪念馆是全俄罗斯七个陀思妥耶夫斯基纪念馆中最大的。

　　他于流放西伯利亚时结识了第一位妻子，婚后不久病逝。第二次结婚的安娜，原是他的速记员。她安慰他，从不责备他。对他来说，她既是他的母亲和保姆，又是他的助手，为他作速记，再重新誊抄。还是他作品的第一个读者，每次由她核查，情节是否合适。

每天晚上他夹着书本来到儿童室，为儿子费奥多尔、女儿柳芭朗读普希金的童话和卡拉姆辛的历史学著作。孩子们将入学时，他教他们俄罗斯语言、历史和地理。当孩子们见不到父亲时，儿子会写张纸条："爸爸给我一颗糖——费奥多尔"，放在父亲书房门的下面。这里展出玩具木马和父亲送的生日礼物瓷娃娃。安娜为他生下四个孩子，活下来的一男一女是他晚年的欢乐。

安娜的房间既似一间办公室，也是二人的卧室。她经手家庭的预算，支付他兄弟的无数欠债，及负责他的出版事务。近窗户的书桌上，放着她的日记本、钢笔、墨水瓶和装在金色镜框中的陀思妥耶夫斯基亲笔签名的照片，题词是"献给我的好安娜"。托尔斯泰非常羡慕他们的婚姻。

傍晚全家共饮茶，他喜爱这习俗，因白天见不到家人。墙上的油画是《耶稣自天而降》。

晚上他一边抽烟，一边构思写作。长沙发的墙上挂着拉斐尔的西斯廷圣母像。一次他

◎ 陀思妥耶夫斯基的墓地

在德累斯顿美术馆的拉斐尔画的圣母像前深受感动。A·K·托尔斯泰（1817-1875小说家，诗人，戏剧家）的遗孀特地定购了一张该画的照片送给他。安娜发现他生前好几次在像前默祷。

书桌上摊开未完成的手稿、日记（记至最后一天）、银烛台、普希金作品、浓茶……在此书桌上他完成了《卡拉马佐夫兄弟们》、《普希金纪念碑落成典礼上的讲话》及未完成的《回忆录》。书桌前的靠背雕花的安乐椅是访客坐的。

他伏在书桌上写作时咳血倒地，第二天去世，时钟指着8：36，那是旧历1881年1月28日。安娜很快请人把书房照相，布置得一如他生前时。

他埋葬于圣彼得堡亚历山大·聂夫斯基修道院公墓。哀悼的人潮涌来，边远城市的代表也同时抵达。各阶层人士以同一个声音追悼他，还在教堂为他祈祷。

纪念馆附近即能见到1997年落成的陀思妥耶夫斯基纪念碑。

（注1）维吉尔（罗马诗人公元前70-前19）在《神曲》中，他把但丁从地狱和炼狱引向天堂
（注2）卡西莫多，雨果小说《巴黎圣母院》中一个外形丑怪、心地善良的人物

旅游资料

一　陀思妥耶夫斯基文学纪念馆（圣彼得堡故居）
· 地　　址：铁匠巷5号Kuznechny Lane5
· 开放时间：10：30-17：30星期一闭馆
· 交　　通：近地铁站Vladimirskaya
二　陀思妥耶夫斯基墓地
· 地　　址：亚历山大-聂夫斯基修道院
· 交　　通：近地铁站Alexander Navskogo Plostad

科幻小说之父

——造访凡尔纳文学中心

儒勒–凡尔纳（Jules Verne 1828–1905）出生于法国南特（Nante）的一个被卢瓦尔河环绕的小岛上。父亲是名律师。他身为法学家的办公室内充满了与电学有关的实验用物。儒勒幼年时爱听一位当画家的叔叔讲北美森林中印第安人的生活，及设置陷阱的白人猎户的风俗习惯。他八岁时对大海产生了难以磨灭的回忆。十二岁时真正感受到了大海，有一次爬上一艘三桅船，站在甲板上感到无比的喜悦。

长大后凡尔纳先后取得法学学士与文学学士的学位，但他不想当法官，一度还担任过证券经纪人。1850年他开始创作，先是写戏剧和轻歌剧。

《英格兰和苏格兰旅行记》据称写于他31岁时（约1859年），广西师范大学出版社之译文称原文系根据凡尔纳图书馆所藏他的手稿整理而成，该书展现了维多利亚时代英

◎ 凡尔纳像

格兰和苏格兰的风貌，介绍了历史、文学、建筑等方面的知识。书中多次提到苏格兰作家沃尔特·司各特（Walter Scott 1771 - 1832）：爱丁堡的司各特纪念塔，他的作品《湖上夫人》中的卡娜琳娜湖，他笔下的民族英雄罗布·罗伊的逃亡路线……也提到苏格兰女王玛丽-斯图亚特出生于林利斯哥，在敦巴顿成长，于斯特林戴上王冠。最后在伦敦的威斯敏斯特教堂的小礼堂中，玛丽·斯图亚特与伊丽莎白一世两人的墓相邻，在长眠中重新在一起，"令最无情的观者也为之动容"。（玛丽的死刑判决书是由伊丽莎白女王签署的）伦敦塔的武器库中展出了斩去埃塞克斯公爵首级的利斧。伦敦杜莎夫人蜡像馆内的加里波第（1807 - 1882意大利革命家）的蜡像也早已更换，今日不再能见到。凡尔纳在书中不时赞扬英国。但于1867年的《格兰特船长的儿女》一书中，无情地揭露了英国殖民主义者的冷血和暴力。

凡尔纳的第一部科幻小说《气球上的五星期》（1862）开创了科幻小说的先河。以后四十年中半均每年出版小说一至二部。七十余部作品中，大部分是科幻小说。他将科幻小说总称《在已知和未知的世界中奇异的漫游》，分为两大类：（1）在未来的世界中漫游，如《地心游记》、《环游月球》；（2）在已知的世界中漫游，如《八十天环游地球》、《神秘岛》。

《地心游记》（1864） 所述的斯奈菲尔火山位于冰岛，高约5000尺，濒临格陵兰海。一位具有献身精神的科学家，受前人一封密码信的影响，从火山口下到地心，沿途经过缺水、迷途、暴风雨等三个月的艰苦跋涉，终于完成科学探险，重返地面。全书充满幻想和传奇色彩，发表后风靡全球。

《海底两万里》（1970） 据说是乔治·桑建议他写的。她的信中称："尽快带领我们去大洋的深处——乘坐水下机器，遨游深海"。他的侄子也回忆称："我的叔叔只对三件事热心：自由、音乐和大海。"波德莱尔（1821－1867 法国诗人）认为凡尔纳对大海有一种强烈的原始冲动。凡尔纳常随任远洋船长的弟弟一起出海，写作本书表达了他对大海长久的眷恋。书中叙述一位博物学家应邀去美国参加一项科学考察活动后，登上一艘驱逐舰，参与将怪物从海洋中清除出去的行动。经过一番较量，驱逐舰受重创，博物学家、他的仆人及一名捕鲸手，都成了怪物的俘虏。原来怪物即为当时尚不为人知的潜水艇。以后该艇也遇险：搁浅、受土著袭击、为南极的冰层围困、艇内缺氧……凭着潜艇的精密结构和艇长的智慧和沉着，得以一一化险为夷，终于完成十一万公里的海底行程。（书名指的里是古海里，1古海里＝5.556公里）

《环游月球》（1870） 讲述两名美国炮兵和一名法国记者登上月球，并成功返回地球的故事。凡尔纳第一个提出发射人造卫星的概念。

《八十天环游地球》（1872） 本书主人公福格以八十天环游世界一周与人打赌。一开始即因火车停驶改坐气球，飘至西班牙后，男仆斗牛获胜才顺利租船至印度。以后经香港坐帆船至横滨，再转往美国。坐火车横贯美国时遇上印第安人及野牛袭击，到纽约后再搭船返英国。结局是因事先没估计到的时差，得以准时抵达伦敦。

此书有使人奋发、勇于创新的意义，但也有些描述是不当的。如

◎ 凡尔纳纪念馆

通过福格之口对中国人、日本人、印度人等亚洲人表示轻蔑，把印第安人描写为盗匪。但书中对印度妇女可悲的殉葬命运，作了有力的控诉，他将"寡妇殉夫"写成自火刑架救下寡妇。本书是他最受欢迎的作品，左拉曾在《费加罗报》撰文称颂，小说也多次被搬上舞台及银幕。

《神秘岛》（1874）叙述美国南北战争期间，五名北军俘虏自南军大本营乘气球出逃。在途中遇到风暴，被抛弃到南太平洋一个荒无人烟的小岛上。他们依靠自己的智慧和毅力，生存下来，还把小岛建设成一个繁荣富庶的乐园。作者发挥他的想象力，把冶金学、爆破学、工程学、水利学、动植物学、天文学、物理学等各科知识，巧妙地融合在一个惊心动魄的故事中。他把现实与幻想结合起来，以夸张的手法和形象，反映了十九世纪"机器时代"，人们征服、改造自然的意志和愿望。

小说还流露出强烈的爱国主义和支持被压迫民族独立的情绪，使作品的意义超出了科幻小说的范畴，上升到更崇高的境界。

他写的《一个中国人在中国的苦难遭遇》1879年在报刊上连载，因与改编者吵架而未能上演。

《沙皇的邮件》（1880）上演时震动巴黎。主题别开生面，讲鞑靼人占领了乌拉尔山以东的俄罗斯领土，要将帝国一分为二，消除俄罗斯在西伯利亚的统治。沙皇召见一位西伯利亚的军官，要他日夜兼程5000公里，把信送去伊尔库茨克沙皇兄弟手中。托尔斯泰将该小说介绍给他的孙儿们，还为《八十天环游地球》创作了十七幅插图。

凡尔纳写作的年代，物理学、化学、生物学诸领域正取得巨大成就。在科学技术迅速

◎ 赫泽尔的办公室

◎ "航海家船舱"

◎ 凡尔纳的书房

发展的背景下，他洋溢着对科学的热爱和对宇宙无限奥秘的探索情怀的作品，确立了他科幻小说奠基者的地位，获得了"现代科幻小说鼻祖"的称号，也使他成了现代科学技术的传播者。

他大胆地设想未来。他认为未来不过是稍稍远一点儿的现在。他所作的许多科学设想，已为后世的实践证明基本正确，有些至今还激发着人们的想象力和创造精神。他笔下的一些天才的发明家、能干的工程师、勇敢的航海家体现了知识分子的优秀品质。此外在不同程度上也反映了在一些重大历史事件中，他反对帝国主义、殖民主义和奴隶制的进步倾向。

1893年发表的《小把戏》不像他已发表的科幻小说。写一个十来岁的流浪儿，带着一个更小的儿童，从卖报纸开始，渐渐增加经营范围，后来更升级为小百货店。该小说的译者李玉民认为这可能是凡尔纳心目中融于现代社会的乌托邦。

他写作时一遍一遍地修改手稿，直到在终稿中几乎看不见原稿的痕迹。他读书时会手持一支笔，外出时带一本小册子，随时记下感兴趣及对写作有用的东西。

他与大仲马结识于1850年。大仲马曾安排凡尔纳的独幕剧《折断的麦秆》上演。也是经大仲马介绍，他于1862年结识出版家赫泽尔（Pierre-Jules Hetzel）。同年赫泽尔即为之出版《气球上的五星期》。赫创建的《教育与课间杂志》的创刊号上，即刊载了他的科幻小说《英国人在北极》。以后每写出一部科幻小说，几乎总是先在该杂志上刊载，再出单行本。一本杂志同一位作家相伴四十二年之久，形成依存关系，非常难得。

每次出版新作品时，凡尔纳先以钢笔修改了的铅笔初稿交给赫泽尔。赫泽尔将之作初校，并旁注他的评语。凡尔纳再着手修改后交回。他能容忍赫泽尔最激烈的评论、甚至更改文稿内容或构思的建议。每当凡尔纳的作品里内容显得单薄时，赫泽尔提出增添人物和环境的叙述。对此凡尔纳有时采纳，有时会拒绝。1868年在一封信的结尾，凡尔纳写着："你亲手创作出来的凡尔纳"

凡尔纳参照了大仲马的《基督山伯爵》，创作的戏剧《桑道夫伯爵》是献给小仲马的，"我将这本书献给你，同时也是献给对你父亲的回忆"。

凡尔纳与达芬奇两个人物都走在时代的前列。他们都有非凡的才华，能详细叙述他们从未去过的地方。芬奇曾设计过不少独特的机器，也曾探索水下战争的可能。凡尔纳自幼崇拜芬奇，芬奇的设计启发凡尔纳勾画出《征服者罗布尔》（1886）中的飞行器"信天翁号"的草图。

从第一次提名起计，法兰西学院至少举行了42次选举，凡尔纳都榜上无名。无怪乎他说："我生命中最大的遗憾，是在文坛上从未被重视"。他从不气馁，他的座右铭是"我不工作，就感受不到生命的

◎ 凡尔纳纪念碑

存在"。

　　1872年起凡尔纳在亚眠（Amiens）定居，在巴黎北约一百公里。
他被亚眠市学士院接纳为院士，又被选为市议员。1882年他迁去现在
的凡尔纳纪念馆。这座四层楼的屋宇与一圆塔相连，楼梯即在塔内盘
旋而上。楼梯旁是书柜或藏书室。塔顶有亭阁及平台。楼前是狭长的

花园。

一楼客厅中展出凡尔纳和他夫人的画像。介绍他年青时代的房间中，展出刊载于报章的大仲马画像。他坐"大东方号"横渡大西洋到北美洲旅行时的手稿，还附有草图。

二楼将当年出版商赫泽尔的办公室改建于此。1862年两人签订出版合约时，《已知与未来世界》这标题即是赫泽尔起的。以后改为《奇幻历险》的总标题下出版了62部小说和18篇短篇小说，共20,000页。1886年赫泽尔去世，留下700多封信件，见证两人间长久密切的关系。

今天赫泽尔的办公室里，放着桃花心木的写字台和办公用具。楼梯旁的书柜中都是他出版的凡尔纳著作。

三楼的一角布置成十九世纪游艇上的航海家船舱，办公桌上放着地球仪，远眺的窗户旁是轮舵。三楼偌大的凡尔纳书房中，长台上放着打开的书、正查阅的地图和地球仪，墙上是地图和风景画。

他的卧室不大，也能见到书和地球仪。可以想象他是多么喜欢旅行。

《奇幻历险》有他本人的经历，他也参考了世界探险家的历史记录。

1968年人类历史上首次环绕月球的美国太空人Grank Borman说，凡尔纳的作品，不知道影响了世界上多少个太空专家。

◎ 凡尔纳墓地

奥芬巴赫（Offenbach 1819－1880　德法大提琴家、作曲家） 是第一个从他的小说找到灵感的音乐剧作家，创作了《月球旅行》。该小说也早在1903年被搬上银幕。《奇幻历险》系列中有三十多部小说被拍成二百多种版本电影。电影虽不如小说的原貌丰富，但使凡尔纳的小说跨越了时间和空间。

1905年3月24日凡尔纳去世。全世界纷纷拍来唁电，悼念这位科幻小说作家。他的墓地在故居附近，他墓上的雕像是一个赤裸着上身的男子，一只手从棺材里伸出，用力掀开墓碑，一边发出呐喊，赞美永恒的青春。

旅游资料

凡尔纳纪念馆 （亚眠 Amiens）
· 地　　　址：rue Charles Dubois
· 开放时间：星期一至六　9：00－12：00　14：00－18：00
　　　　　　星期日　　14：00－18：00
· 交　　　通：自巴黎的北站（Gare du Nord）乘火车至亚眠，
　　　　　　　车程约70分钟。出站后步行去纪念馆的约10分钟，
　　　　　　　途经凡尔纳纪念碑。

既是小说家，又是大诗人

——从哈代草堂到墓地

　　托马斯·哈代（Thomas Hardy1840－1928）是以英语写农村生活和景色的最佳作家。他出生于英国多塞特郡（Dorset）多彻斯特镇（Dorchester）的一个小村上博克安普顿（Higher Bockhampton）。他在故乡度过童年及部分青年时代，当时正值农村走向工业化之时，他的作品反映农村这种急剧变化。哈代始终对家乡无限眷恋，多次写长诗歌颂家乡。

　　他那座位于多彻斯特东北三里的祖屋被称为哈代草堂，系他的曾祖父所建，其时比现在小，可能经他祖母的扩建。1948年基金会加以整修，恢复当年哈代家时的模样。

　　这座村屋为长方形、红砖墙、弓形的稻草顶，正如他的作品《绿林荫下》所述的农舍。哈代根据当时楼下的客厅，描述了《绿林荫下》中圣诞舞会时的情景。走廊一端的小房间，当年称为办公室，哈代年轻时在此背诵瓦茨博士（Issac

Watts1674－1748）的赞美诗《现在又过了一天》。

楼上三个房间，只有近楼梯口的主人卧室的窗户向东，这正是哈代出生的房间。据称一个炎热的下午，他母亲发现他睡在摇篮内，一条大蛇在他胸前扭曲。另一次哈代幼时在原野吞食青草，想试试能否变成一头羊，这个动作使羊群惊讶。

◎ 哈代画像

沿着狭窄的通道走向扩建后哈代的房间，晴朗的天气时可由西窗见到远处十里外Blackdown山的纪念碑。那是纪念哈代的远亲Thomas Masterman Hardy上将而建的。哈代在小说《号兵长》中提到过他。

哈代在窗户旁看书及写诗。这里环境安静，花园中鸟语花香，周围林中有兔、狐狸及蛇出没。

他十六岁时离开学校向建筑师学艺。1862年移居伦敦，在建筑师Arthur Bromfield那儿工作。他在一项建筑小品比赛中得到一枚奖章，并发表《我如何为自己建屋》于建筑杂志。因不惯于伦敦的生活，他1869年回到多塞特，继续作建筑师。也是在故乡开始他的文学生涯。

1870年三月的一个早晨，他从草堂出发去Cornwall，遇见后来成为他妻子的爱玛。该年完成他的第二部小说《计出无奈》，这是他第一次出版的小说。

1873年他早年最重要的朋友莫尔（Horace Moule）自杀。莫尔教青年哈代学希腊文，又鼓励他写作，引导他独立思考。哈代在小说

《一对湛蓝色的眼睛》（1873）中将他作为亨利骑士的模特儿。这是他放弃工程师工作后当作家的第一部小说，从此他的小说渐趋阴暗。

1874年他的小说《远离尘嚣》出版，同年与爱玛结婚。以后十年他与爱玛住在伦敦、Somerset及多塞特。1883年起最后居住在多彻斯特郊外离出生地数里的麦克斯格特（MaxGate）。那是他亲自设计、建筑的住宅，他有时在果树下品茶，也会驱车带朋友来看他出生的地方。

他一共写了14部长篇小说，近50篇中、短篇小说。他写了不少有关爱情的小说，因双方社会地位不同，加上偶然性，如误传的死讯、意外的天灾人祸——造成不可挽回的悲剧。

1901年皇家文学会授予他金质奖章，以后剑桥、牛津两大学先后

◎ 哈代草堂

◎ 哈代诞生的房间

◎ 哈代诞生的房间

授予他荣誉学位。

　　哈代为了写作，疏远了爱玛。1912年爱玛去世。哈代与弗罗伦斯（Florence Dugdale）于1914年结婚后，仍写了多首诗悼念爱玛，编集为《旧焰余烬》。弗罗伦斯是儿童文学作家，从某些方面说是哈代理想的妻子。但与这位年长40岁沉醉于写作的丈夫一起生活，在麦克斯格特的心中，也不免感到孤寂和不快。

1928年哈代患流感，一周后去世。盛大葬礼上皇室人员出席了追悼仪式。首相、萧伯纳、高尔斯华绥（Galsworthy1867－1933小说家、剧作家）、吉卜林（Kipling1865－1936小说家、诗人）等执绋。

以后他夫人写的二部传记《哈代的早期生活（1840－1891）》（1928）和《哈代的晚年生活（1892－1930）》（1930）使人们更了解了这位从不宣扬自己的作家。

位于多彻斯特的多塞特郡博物馆展出哈代的信件、手稿、著作、日记、照片、他作的画……是收藏他的纪念物最多的纪念馆。馆中又辟出一室为哈代的书房，这是按照他最后在麦克斯格特故居的书房重新布置的。室内一切家私、书籍和私人物品，均原属哈代所有。

壁炉上方为丁尼生（Tennyson1809－1892诗人，哈代生前参加了他的葬礼）、萨克雷（Thackery1811－1863小说家）、和勃朗宁（R.Browning1812－1889诗人）的照片。中间是画家Hatherall为《无名的裘德》所作的插图画。他的书桌上翻开的日历是3月7日，他第一次见到爱玛的日子，夫人去世后，他把日历固定在那一页。

哈代的书柜中，左侧为历史书。他爱钻研历史。他的小说

◎《德伯家的苔丝》演出的海报及同名华尔兹乐曲封面

◎ 哈代故居 （ Max Gate 麦克斯格特 ）

《号兵长》与三卷的历史剧《列王》均与拿破仑的远征有关。

哈代在麦克斯格特完成著名小说《德伯家的苔丝》。当年受到刊载于杂志及出版成书的限制，为了避免触怒读者，编辑一再要求删除或改写某些章节。1912年始有完善的该书第一版，以后有各种不同文字的译本。馆中展出大张娜塔莎·金丝基同名电影的海报。该著名小说还改编成话剧、歌剧、华尔兹曲。

哈代善于观察，将建筑师的眼光与小说家的思维结合起来。哈代以故乡为原型，在多部小说中虚构了威塞克斯郡（Wessex），这里展出了哈代编画的Wessex地图。

哈代认为诗是文学的最高形式，文学创作必然要走向诗歌之路。他停写小说后写了大量的诗。58岁时出版第一本诗集《Wessex Poems》后，三十年中出版了七本诗集。他一生创作了950首诗，不少至今仍传诵，他几乎成为英国当时最杰出的诗人。

◎ 哈代纪念碑

◎ 哈代的墓地

他的史诗剧《列王》被誉为可与歌德的《浮士德》相媲美，使他成为诗中一大家。该诗分为19幕130场，从构思到完成用了三十年时间。他不仅阅读有关拿破仑战争的史诗和文学作品，还几次去医院同参加过战争的老兵交谈，还到当年的战场进行考察。作品突出了拿破仑发动战争给人类带来的灾难和痛楚。

他每本诗集的手稿都保存了下来。馆内还展出了两本他最成功的诗集：

1.《环境的讽刺诗》他写了一百多首诗悼念亡妻，其中不少见于此书。

2.《晚近及早年抒情诗》他诗集中篇幅最大的一部，主要是关于爱情、对自然的热爱及对生活的思考。

访客还可听录音带，播放六首哈代的诗，包括《一个八月的午夜》。

儿童时代起，音乐即成为他生活中一个重要部分。书房中展出他心爱的小提琴。布里顿（Britten英国作曲家）将哈代的诗谱为乐曲。

哈代的骨灰葬于伦敦西敏寺的"诗人之角"，心脏葬在他故乡的墓地。据说他的心脏没保存好，为猫吞食，因而将该猫一起埋葬。笔者于当地参加一个三小时的旅行团时，随团的英国游客及导游兼司机，均未风闻其说。

旅游资料

一 多塞特郡博物馆Dorset County Museum

·地　　址：High West Street，多彻斯特Dorchester

·开放时间：10：00－17：00

7月至9月星期一至星期日

10月至6月星期一至星期六

·交　　通：离火车站近，步行约10分钟

二 哈代草堂

·地　　址：Higher Bockhampton，Dorchester

·开放时间：3月29日至11月4日14：00－17：00

星期六、日闭馆

·交　　通：可向博物馆附近的旅游服务处询问

热爱东方文化的作家

——访问黑塞纪念馆

　　黑塞（Hermann Hesse1877－1962）出生于德国斯图加特附近的卡夫镇（Calw）一个传教士家庭。父亲及外祖父长期在印度传教，因而童年受到印度文化的影响。父亲晚年又钻研中国老子的著作。黑塞也开始研究老子，他读过道德经的所有德文译本，也受到《论语》和庄子寓言的影响。他写了赞美孔子、老子、庄子学说的著作，完成了从印度的禁欲思想到中国市民气的"对人生充满肯定"的思想转变。他的小说试图寻求一种人性的一致和不同文化的融合。

　　1890年他进格本根拉丁语学校。1891年入毛尔布龙天主教神学院。翌年逃离神学院，去做学徒工和书店小职员，一面读大量书。

　　1904年与钢琴家结婚后，迁居博登湖畔的加豪芬。这一年他以小说《彼得·卡门青》奠定了文坛的地位。故事讲一个青年，去城市后格格不入，终于回到故乡。1906年的《在

◎ 黑塞画像

轮下》抒述在神学院的经历，抨击德国的教育制度。

一战时在瑞士伯尔尼从事战俘救济工作。由于写反对战争的文章，以致被德国报刊宣布为叛徒，造成妻离子散的悲剧。

战后写以印度为背景的小说《席特哈尔塔》（1922）。以后写的《草原之狼》（1927）的主角是一个与周围环境格格不入的作家，他身上有狼性与人性的对立，反映第二次世界大战期间，中年知识分子的彷徨和苦闷。

1931年后与犹太裔的艺术史家多宾结婚，隐居在瑞士南部的蒙塔尼奥拉村。

他的晚年作品《玻璃球游戏》（1931－1941）是他最后一部长篇小说，自传色彩浓厚，也是他引用和评述《易经》、《吕氏春秋》和老庄哲学最多的小说。他对自己漫长的一生所受的精神痛苦进行沉思后，虚构了一个发生于20世纪后未来世界的寓言。德国女作家露易莎·林塞尔称："黑塞在希特勒时期之转向乌托邦，恰恰不是一种逃避态度，而是用语言作武器让人们得以自由地呼吸在超越时间的空间之中，成为自觉抵制恶魔的觉悟者。"故事发生在未来世界，孤儿克乃西特由宗教团体抚养成人，由于聪明和刻苦，成了这个团体象征最高智慧的玻璃球大师。但随着成长，逐渐不满足于这个与世隔绝的精神王国的生活。最后离开这个精神王国，来到现实世界，企图用教育来改造整个世界。然而事业未竟，在游泳中淹死，象征他理想的失败。

《玻璃球游戏》第一版于1943年在瑞士出版。黑塞著作出版人从纳粹集中营生还，获得盟军颁发的德国第一张出版许可证。他立即进行出版该书事宜，1946年在德国问世。黑塞与托马斯·曼在当时是西

◎ 黑塞纪念馆

方人文精神的代言人与坚强的斗士。黑塞的身影为曼的光芒所掩盖，而曼从不放弃任何可赞扬黑塞的机会。他是最早推荐黑塞的，并说他"不公正地遭受忽视"。

黑塞获1946年诺贝尔文学奖。瑞典文学院的评语是："由于他那些灵思盎然的作品——它们一方面具有高度的创意与深刻的洞见，一方面象征古典的人道理想与高尚的风格。"由于黑塞于卢加诺湖畔疗养，病势不轻，由瑞士驻瑞典公使代他致答词。

1962年黑塞于蒙塔尼奥拉病逝。

上世纪六十年代末，美国曾掀起黑塞热。除了反对越战等政治原因，还与美国作家亨利·米勒的推崇分不开。美国的反文化群开展了一场以他为先驱者的运动，像他小说中的主人们时刻准备着前往新的领域，进行新的探索。

1977年为纪念黑塞诞辰百年，在他家乡卡夫镇举办了黑塞国际研讨会。德国学者马丁·法尔弗主编的《赫尔曼·黑塞的世界性影响》出版。以后研讨会成为定期活动。法尔弗生前又出版了《影响》一书的第二、三卷。

黑塞的纪念馆位于卡夫镇，他出生于集市广场6号的二楼。他的父母亲1874年结婚起住在这里。1881年他随父母全家迁居瑞士。他的纪念馆于1990年开放，位于出生地附近的广场30号，该处原是文法学校。

◎ 老子像及其作品

纪念馆展出他的塑像、手稿和作品。可以见到他崇拜的老子

◎ 黑塞著作

的画像和著作。

　　馆内也展出法国作家罗曼·罗兰的像及罗兰于1915年2月26日给黑塞的第一封信。

　　先是罗曼·罗兰于1914年9月15日刊在《日内瓦日报》的文章《超乎混战之上》中，认为人类应该把道德和良心放在首位。

　　同年11月3日黑塞在瑞士《新苏黎世报》上发表一篇反战文章《啊！请不要用这种声调！》。作者以"德国人"和"中立者"的双重身份，批评了一切形式的民族沙文主义，主张交战双方用精神上的"改善"来解决导致战火的善与恶的问题。因为"爱高于恨，理解高

◎ 罗曼–罗兰像。右下方为罗兰写给黑塞的第一封信。

◎ 黑塞塑像

于对立，和平高于战争"正是人类的职责所在。文章在德国引起一场轩然大波，黑塞被认为是叛徒而遭受围攻，也造成他妻离子散的悲剧。

罗兰于1915年2月26日写信给黑塞，深感志同道合。罗兰在1915年出版的《超乎混战之上》书里，赞扬黑塞拯救了"欧洲的未来"。罗兰写信给黑塞，还去伯尔尼拜访他，三小时的长谈奠定了日后友谊的深厚基础。

两人都在一战时走出书斋，从事救亡运动，为军人和老百姓服务。黑塞在伯尔尼义务从事战俘救济工作直至战争结束。罗兰在日内瓦红十字会为一切祈求帮助的人，无偿地服务了二年，还把诺贝尔奖金全部捐献给灾民。拯救欧洲文化的精神把他们紧紧连在一起。罗兰在1939年给黑塞的信中称他为"你是我艺术和思想上的兄弟"。两位作家通信直至1944年罗兰去世。

展出罗兰的信和照片，显示了德国人民与法国人民世世代代友好的愿望。

旅游资料

黑塞纪念馆（卡夫Calw）

・地　　址：集市广场30号
・开放时间：14：00-17：00
　　　　　　星期日：10：00-12：00星期一：闭馆
・交　　通：自斯图加特（Stuttgart）乘火车去卡夫约1小时

俄罗斯象征派诗歌的代表者

——走访勃洛克故地

诗人亚历山大·勃洛克（1880－1921）出生并受教育于一个文化修养高的俄罗斯贵族知识分子家庭。父亲曾任华沙大学国家法教授，又是一位音乐家、修辞学家。外祖父别克托夫是植物学家、彼得堡大学校长。虽然勃洛克的母亲在诗人出生前已离开他父亲，勃洛克在童年与少年时代，都住在彼得堡的校长寓所。每年夏天又都在莫斯科郊区外祖父家的庄园度过，还常随同外祖父一起去森林采集植物标本。

别克托夫家从事创作的真不少。外祖父写科学专著和科普作品，外祖母终身从事科学与艺术作品的翻译，勃洛克的母亲和几位姨母都爱好文学，并从事文学创作与翻译。

1898年勃洛克考入彼得堡大学，先是念法律系，后转去历史语文系斯拉夫－俄罗斯部学习，其时他开始认真写诗。1900年他带了自己写的诗去见教育家奥斯特罗戈尔基

（1840－1920），被他轰了出去。勃洛克毫不气馁。他的作品终于1903年发表在象征派杂志《新路》上。也在这一年与著名化学家门捷列夫的女儿结婚。1905年他从八百首诗中选出近一百首，完成第一本诗集《美妇人之诗》，以神秘形象的描绘，歌颂纯洁美丽的女性。

◎ 勃洛克像

其时他沉醉于索洛维也夫（1853－1900俄国神秘主义的宗教哲学家和象征主义诗人）的哲学思想，也与梅列日科夫斯基（1866－1941作家，哲学家）和勃留索夫（1873－1924诗人）交往。

1905年的革命促使他写了《集会》（1905）、《白雪假面》（1907）、《抒情短诗》（1908）、《雪地》（1908）及《夜晚的时辰》（1911），表达了对生活、对祖国的热爱。

1916年应召入伍，在工程近卫兵团当考勤员。1917年编辑特别检查委员会的报告，完成《帝王政权的末日》。

十月革命后从事文化宣传工作，任大剧院管理局主席，又被选为俄罗斯诗歌协会彼得堡分会主席。1918年1月他写了《知识分子与革命》一文，坚信俄罗斯将成为一个新型国家，呼吁知识分子全力投入革命，"要用整个的身体、整个的心、整个的意识——去倾听革命。"

◎ 勃洛克纪念馆

　　他的长诗《十二个》（1918）以十二门徒寻找耶稣基督的故事，写十二名赤卫军战士在革命风暴的夜晚，坚毅勇敢地行军，歌颂十月革命，艺术上也有独特的风格。戈宝权先生很早即将此诗译成中文。

　　他是俄国象征派诗歌的代表，是俄国革命时期新旧交替、承前启

◎ 勒洛克纪念馆大门

◎ 勒洛克的作品

后的大诗人。

1921年普希金去世八十四周年的会上，他作了《关于诗人的使命》的演说。在普希金之家的纪念册上写了他最后一首诗《既非梦，又非现实》。

面对官僚主义残余，他厌恶事务工作，逐渐患上抑郁症，情绪低落和营养不良。出国治疗需经克里姆林宫批准，高尔基和卢纳察尔斯基为之奔走。1921年8月7日批准后第二天，勒洛克在彼得格勒死于心脏病和神经错乱。

他的故居位于圣彼得堡十二月党人街57号。四层红墙楼前的黑色大理石碑上写着金色大字"勒洛克故居纪念馆"。1912至1921年他在四楼住了九年。

四个房间中最大的是书房兼客厅，在这里完成剧本《玫瑰与十字架》、长诗《十二个》及呼吁知识分子全部心灵倾听革命的文章《知识分子与革命》。

书房中的沙发是他的外祖父留下来的。当年门捷列夫、陀思妥耶夫斯基、萨尔蒂可夫·谢德林，以及他幼年时看书都坐在这沙发上。

据他的日记记载，俄罗斯作家阿赫玛托娃、伊凡诺夫（V.Ivanov1895－1963）、别雷（A.Bely1880－1934）、楚科夫斯基（K.Chukovsky1882－1969）都来访过。他常在书房中朗诵，被认为富于音乐性。

玻璃橱中展出普希金、果戈里、茹考夫斯基等的文集，他的三千本藏书现存俄罗斯文学研究所。

朋友来时往往在餐厅长时间开茶会。叶赛宁来时是一个不知名的诗人，径自从圣彼得堡车站来。斯坦尼斯拉夫斯基来此与他讨论剧本《玫瑰与十字架》。他夫人的画像为岳母所作。

他卧室的小圆桌上是夫人的照片和烛灯，还展出一战时他在工程

◎ 勃洛克的书房　　　　　　◎ 勃洛克夫人的房间

兵团以及他夫人在前线医院工作时的照片。

他夫人的房间也是会客室。他夫人受过高等教育，进过戏剧学校，在舞台上演出超过一百个角色，可见到她在莎士比亚的《哈姆雷特》中演奥菲莉亚的剧照。钢琴旁的墙上是夫人的画像，钢琴上方的墙上为岳父门捷列夫的像，钢琴盖上为夫人及两个孩子的合影。在这里接待过叶赛宁、马雅可夫斯基、导演梅耶荷尔德（Meyerhold）及斯坦尼斯拉夫斯基。

他生命的最后一年半住在同一大厦的二楼，与母亲及继父同住。他变得忧郁。

二楼的23号现在按年代展出他的作品和生活图片。玻璃书橱中可见到中文的《勃洛克、叶赛宁诗选》。也展出叶赛宁、马雅可夫斯基等的像，以及1921年8月10日他葬礼时的照片。

旅游资料

勃洛克故居纪念馆（圣彼得堡）
- 地　　　址：十二月党人街57号Dekabristov Street57
- 开放时间：11：00-18：00
　　　　　　星期二11：00-17：00
　　　　　　星期三及每月最后的星期二均闭馆
- 交　　　通：于地铁站Sadovaya或Narvskaya转乘小巴
　　　　　　Minibus1号

英国意识流小说的顶峰

——走访乔伊斯纪念馆和布卢姆日巡游

詹姆斯·乔伊斯（James Joyce1882－1941）出生于都柏林一个税务员的家庭。在耶稣会学校受天主教教育，准备当神父。他受过严格的古典文化和宗教教育，但毕业前决心献身文学。

1898年进都柏林大学专攻现代语言学。1902年毕业后去巴黎学医。1903年因母病危而回乡，开始写短篇小说。

1904年结婚后到意大利、瑞士旅行，并宣布"自愿流亡"，与天主教教会统治的爱尔兰彻底决裂。以后长期侨居国外。先后在巴黎、罗马、的里雅斯特（Trieste）、苏黎世等地，以教授英语为主，同时从事创作。

乔伊斯怀着对环境的不满而开始文学生涯。《都柏林人》（1914）收集了他的十五篇短篇小说，描写二十世纪初都柏林形形色色中下层市民的生活，反映在政治、社交、道德、精神诸领域，通过日常平凡琐事的描绘，来揭示理想的破火和人生的本质。

《死者》（The Dead）是短篇小说集的压轴，小说叙述一对和谐的夫妇听了《奥格里姆姑娘》民歌后，妻子向丈夫透露了心底的秘密，原来年轻时有个心上人经常向她唱这首曲，一次他患了肺结核，还冒着寒风来唱歌，终至病情恶化而死去。丈夫听了感到自己缺乏那份深情，顷刻间即消失在一个无法捉摸的世界里。

◎ 乔伊斯画像

《常青藤日》也是他喜爱的短篇。故事发生在爱尔兰民族党领导人帕纳尔（Parnell）去世十一周纪念日，反映帕纳尔去世后都柏林的政治与道德的衰落。

1909及1912年，他两次回到故乡都柏林。他的《都柏林人》不能在当地出版后，他1920年定居巴黎，专心写小说，再也没有回来。

《青年艺术家的肖像》1914年以连载形式发表，1917年出版。该书有很大的自传性，讲小说主角离开祖国去欧洲寻求他的艺术事业。

《尤利西斯》（Ulysses）是乔伊斯花了七年时间写成的现代派意识流小说。1918年在美国《小评论》上开始连载，由于对内容不满，排字工人拒绝排字，邮局也将书扣留而停发。1922年由美国流亡者在巴黎经营的莎士比亚书屋出版，以后德、法、日译本相继出版。在美国一度禁止发行。在诗人叶芝、艾略特，小说家福斯特、伍尔芙等支持下，法官于1933年12月6日判定该书是一部"出于真诚的动机，采

◎ 布卢姆之家

用新的文学方法，写出作者对人类观察的作品"。这部小说很快成为畅销书，也是文学研究者的热门课题。

本书描绘了1904年6月16日8时至第二天早晨2时，在这十八个小时内，一对中年夫妇布卢姆及莫莉，和另一个青年斯蒂芬三个人的经历。他将小说主人公与荷马的史诗《奥德修纪》相呼应，布卢姆的庸

◎ 乔伊斯中心

◎ 《尤利西斯》片段演出

人主义，斯蒂芬的虚无主义，莫莉的沉沦，正是现代西方社会道德和精神文明的深刻写照。

作者对写作方法进行创新，以大量篇幅描写人物的内心活动，又以人物间的对话来表现情节，促进了意识流手法的发展。在小说的形式和结构上，引起了一场革命。叶芝评论称该书是人的头脑从一个片刻到另一个片刻，进行着漫无边际的思维和想象的记录。

全书共十八章。最后一章长达四五十页，除两个句号外，无标点符号。第一句长达二千五百字，那是莫莉女性意识的自由漂流，被指责为不堪入目的污言秽语，也被人颂扬为意识流作品中的出色典范。为便于阅读，萧乾与文洁若的中译本（1994）中，词组间仍留有空格。

《芬尼根们的苏醒》（1939）是他的最后一部作品。创作历时良久，内容似一个精神失常的人的胡言乱语。

二战法国沦陷时，他迁居苏黎世。1941年因消化道溃疡穿孔手术后于1月13日去世。

乔伊斯终身缅怀着都柏林，他的作品也多以都柏林为背景。他创作上受欧洲特别是法国的影响深，他师从福楼拜，从自然主义与唯美主义中汲取所需的东西。他可以被认为是英国文学中走得最远的改革者和创新者。

笔者于2008年6月15日造访位于都柏林市中心的乔伊斯中心。楼下为办公处，在该处取得了第二天Bloomsday（布卢姆日）巡游的资料。6月16日原是乔伊斯与他未来的妻子诺拉（Nora Banacle）初遇的一天。

二楼展出他的画像，他童年时与父母亲、外祖父的照片，与为他出版《尤利西斯》第一版的巴黎莎士比亚书屋负责人琵琪（Sylvia Beach）的合影。也展出《一分钱一首诗》第一版（1927），及签名赠给友人的第11次印刷的《尤利西斯》（1930）。

他1910年住在的里雅斯特时还买了钢琴。一战时的宣传画，他的背影上写着"你在大战中做了什么？"他的正面像上写着"我已写了

◎ 乔伊斯的床铺及凌乱杂物

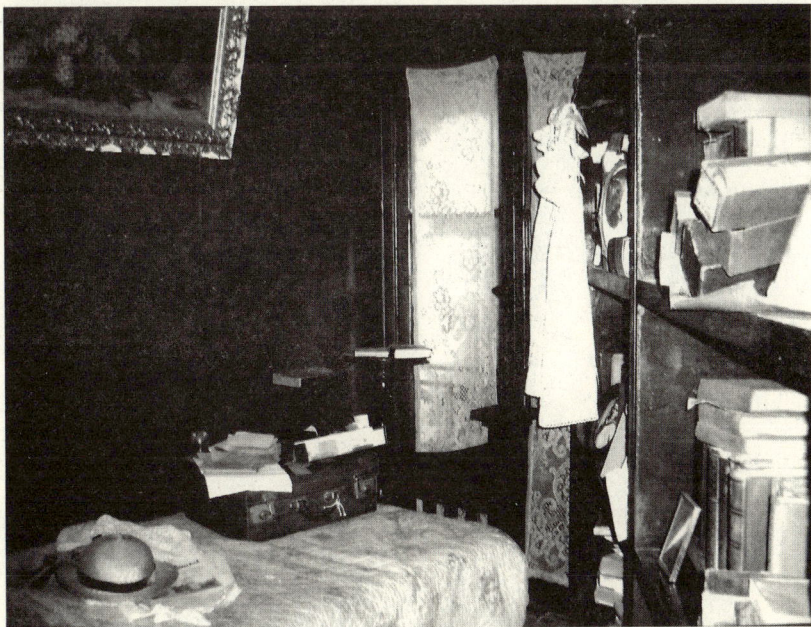

《尤利西斯》，你呢？"

他的死后面模由他在苏黎世的友人、艺术评论家Carlo Glediar Welcker所作。

出售纪念品的商店，琳琅满目。由Jim Norton朗诵的《尤利西斯》音碟，全套22张，定价100欧元。未见有名导演John Huston导演的《死者》（The Dead）之DVD出售。

上三楼的楼梯旁展示出他不同时期的照片。

三楼展出他狭窄的房间、破旧的床、旧床单、旧衣服。床上放着旅行箱及草帽，一片凌乱。书架上放着陈旧的狄更斯全集。房间旁过道处有一较新的圆形书桌，是他的好友兼秘书莱昂（Paul Leon）所赠。桌面上还有电话。

第二天清晨，笔者按巡游资料去Eccles街78号的布卢姆之家。但先到达的人群集中在附近的76号门口，因那儿较宽敞，七时半已聚集了约二十多人。演员Paul O'Hanrahan开始扮演布卢姆朗诵。旁边一位女士正坐着酣睡，她是扮演布卢姆夫人莫莉的。

◎ 一战时的宣传海报　　　◎ 乔伊斯纪念塔

I wrote Ulysses, what did you do?

◎ 乔伊斯的床铺、写字台及煤油灯

　　布卢姆买了早餐回来，带了一封信给醒过来的莫莉。以后莫莉退下，布卢姆坐在马桶上读报纸……这段情节颇似《尤利西斯》第四章"卡吕蒲索"。

　　八时，队伍按照《尤利西斯》书上所述，经过西地路、北伯爵街、公爵街、国家博物馆，于下午三时抵达圣玛丽修道院，据说这是按照《尤利西斯》第八章"莱斯特吕恭夫人"的情节。参加人员不断有人退出，也不断有人加入，维持在二十人左右。

　　王佐良先生于1982年参加乔伊斯诞生一百周年纪念活动时写道："街道上许多演员扮演《尤利西斯》中'游荡的岩石'一章中的情节。布卢姆、他的太太莫莉、斯蒂芬、斯蒂芬的朋友摩里根、莫莉的情夫波也伦等全部出现，在街上走着，谈着，或彼此躲避着。"相比起来，这次巡游简单多了。

　　事实上自6月9日至16日有多种不同形式的短程巡游，多由乔伊斯中心出发，重点不外乎是乔伊斯的母校Belvedere学院、Eccles街7

◎ 乔伊斯的猎装背心、吉他及手杖

号（《尤利西斯》小说中布卢姆与莫莉住过）、小说《死者》的现场 Gresham Hotel等。全程约90分钟，有导游带队，需收费。

此外尚有名人在都柏林作家纪念馆讲解或朗诵《尤利西斯》片断，剧场演出有关乔伊斯情史的音乐剧，甚至请一名女演员扮莫莉，将《尤利西斯》之末段独白演出，长达90分钟。据说这有名的意识流独白，起源于诺拉写给乔伊斯的不加标点的信件。

笔者随巡行队伍十多分钟后，即离队乘火车去离都柏林8英里的沙地考夫（Sandycove）。下车后走去形似碉堡的乔伊斯纪念塔约需十五分钟，一路上喜气洋洋，行人络绎不绝，餐馆前写着布卢姆日特别早餐，还有小型乐队演奏。

该碉堡建于1804年，附近有类似建筑，共十五座，为抵抗拿破仑入侵的英军所建。它高40英尺，墙厚8英尺，沿石梯而上，顶部配备射程约1英里的大炮。

医学生戈加提（Gogarty也是未来诗人）1904年8月租住这堡。乔伊斯9月9日来同住，在此写《尤利西斯》第一章。第六天晚上，同住的特莱区（Trench）做噩梦遇见一只黑豹，拔枪射向火炉后蒙头大睡。接着戈加提为了提醒乔伊斯，将他床头的小锅击落。乔伊斯即搬走，再也没回来。

纪念馆由《尤利西斯》第一版的出版者琵琪于1962年6月16日主持开幕仪式，现属都柏林旅游局管辖。

进门后见到玻璃柜内各种版本的《尤利西斯》和他的诗集（纽约第一版）。墙上挂着由爱尔兰著名演员主演的《尤利西斯》电影海报。

沿着盘曲的石梯走上去，圆形的房间中白色书柜满载着他的著作和译本、书信集及传记，萧

◎ 乔伊斯塑像

◎ 乔伊斯墓地

乾和文洁若合译本《尤利西斯》横放在最低格。他生锈的床旁放着煤油灯。大的玻璃橱内展出他的旅行箱、吉他、他祖母绣织的猎装背心、及他赠予贝克特（Beckett1906－1989爱尔兰作家，《等待戈多》作者）的领带。

不少人在塔顶平台上瞭望。有位当地人打扮成乔伊斯模样，问他是否扮演乔伊斯，他笑而不答。

乔伊斯的墓地在瑞士苏黎世市中心的Fluntern公墓。墓旁是他的塑像，手里拿着书，交叉着腿坐着。蓝色墓石上刻着他、诺拉、儿子乔治及儿媳爱·泰的姓名。

★为《尤利西斯》第七章，与乔伊斯中心派发资料中称第八章不同

旅游资料

一 乔伊斯中心（都柏林）
· 地　　址：35North Great Street
· 开放时间：星期二至六10：00～17：00
　　　　　　星期日12：00～17：00
　　　　　　星期一闭馆
· 交　　通：离火车站近，步行约10分钟
二 乔伊斯纪念塔（Joyce Tower）
· 地　　址：Sandycove碉堡
· 开放时间：星期一至六10：00～13：0014：00～17：00
　　　　　　星期日14：00－18：00
　　　　　　布卢姆日（Bloomsday）8：00－18：00
· 交　　通：可向博物馆附近的旅游服务处询问

要改造这个荒诞世界的作家

——踏访卡夫卡纪念馆和墓地

弗朗兹·卡夫卡（Franz Kafka1883－1924）是二十世纪极富于创造性的作家。他吸收了十九世纪著名作家狄更斯、陀思妥耶夫斯基、福楼拜等的优秀艺术风格，经过洞察秋毫的观察，以独特的风格揭露人生，无愧于现代派文学鼻祖的称号。他看到了世界的荒诞性，刻苦的写作是要在改造这个荒诞世界中出一份力。

1883年7月3日，他出生于奥匈帝国统治下的波希米亚首都布拉格。父亲是经营日用品和服饰的犹太商人，是家庭中的暴君，以为自己的观点绝对准确。由于卡夫卡对继承父业这点漠不关心，造成父子间的隔膜。在父亲的威吓、讽刺等方式的严厉教育下，卡夫卡变得对自己丧失信心，造成了他犹豫动摇的性格。

卡夫卡十岁时进德语文科中学，德语课引导他进入文学的海洋。先是接触格林及安徒生的童话，以后大量阅读歌

德、席勒及尼采的作品。福楼拜
的《情感教育》是他最爱读的。
1901年入布拉格的费迪南·卡尔
德文大学法律系学习。期间读了
托马斯·曼、托尔斯泰、左拉、
梅特林克、凡尔纳等人的作品。
他也喜爱李白、杜甫及苏东坡的
书，还读过一本以散文译出的
《公元前十二世纪到当代的中国
抒情诗》。1902年他参加学生联
合会举办的关于叔本华和尼采的
报告会时，遇到以后他生命中的

◎ 卡夫卡像

重要人物麦克思·布劳德（Max Brod），当时是比他低一级的法律系
新生。

1906年他获得法学博士头衔，以后在地方法院及刑事法庭作司法
实习。一年的法庭实习对他写作《审判》、《城堡》时刻画官僚主义
及描绘官僚形象大有帮助。

1907年写短篇小说《乡间婚事的准备》，小说中的主角想象自己
躺在床上变成一只巨大的甲虫，这是以后主角变成甲虫的小说《变形
记》的先声。同年十月在的里雅斯特保险公司的布拉格分公司上班。
第二年六月转去布拉格工人意外事故保险公司，在保险技术抚恤金科
做统计工作。1909年年底以后，主要从事事故预防方面的工作，督促
大企业主采取预防工伤事故的措施。对木材加工工人频频发生断肢创
伤，寄以无限的同情，也获得了丰富的生活知识。同事们都很佩服他
在法律方面的才能。

1911写的《城市世界》中，父亲责难"好吃懒做"的儿子把自己
往坟墓中赶。而以后的《判决》中，父亲甚至判儿子去死，于是儿子

立刻去投河。

1912年他以润饰过的日记名为《沉思集》出版，出版时写上"献给费莉斯·B小姐"。这位B小姐在柏林一家录音机公司工作，但卡夫卡对她的爱情一开始即是矛盾的。他渴望天天给她写信，但又怕影响自己的写作。只要一天收不到她的信，他就坐立不安。在这种恍惚的情况下，以十八天时间完成了著名小说《变形记》（Metamorphosis），对金钱世界中人与人的关系进行无情的鞭挞。

英国作家斯蒂文森（1850－1894）的著名小说《化身博士》叙述一名医生服用自己发明的药物后，创造出一个化身，医生把身上的邪恶全部给了化身。作者以人的性格跟随外形的变化，探讨人性善恶的两面性问题。

法国作家埃梅（Mareel Ayme1920－1967）的小说《变貌记》，讲一名广告经纪人，尽管容貌丑恶但对生活心满意足。他一夜之间变了一副年轻漂亮的面孔，周围的人对他的解释半信半疑，但他的夫人却很快把他当成一个漂亮的情夫接纳了。小说揭露了现代人生活的脆弱。

卡夫卡的小说《变形记》（1912），主角是一个身为一家经济支

◎ 卡夫卡浮雕　　　　◎ 卡夫卡纪念馆

◎ 纪念馆内貌

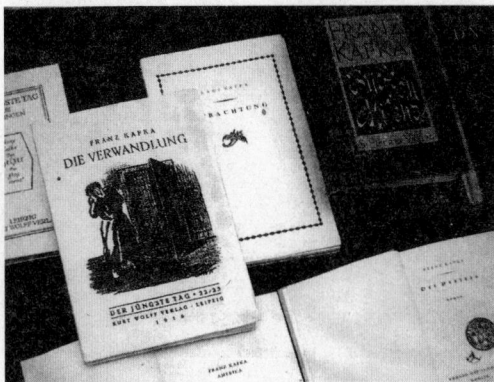
◎ 卡夫卡著作 左为《变形记》

柱的人，一觉醒来变成一只甲虫，一下子精神垮了下来，但他仍想活下去。起初最关心他的妹妹还帮他打扫，以后慢慢变得不耐烦，真如中国的谚语"久病无孝子"。一次他父亲因讨厌他，将苹果扔向他，还是他母亲救了他。接着食物供应及为他打扫均停止，一次因他要听妹妹演奏，吓走了房客，于是犯了众怒，连他的妹妹都要赶他走。最后"甲虫"死去，全家如获大赦。虫体由工人抬走后，一家三口就坐火车去郊外享受阳光了。卡夫卡的小说以人变为昆虫引起一系列人物的变化，全面地揭示了在脉脉温纱下的人间冷暖。《变形记》可称为现代德语文学中最有力量的作品。

卡夫坚持不要在《变形记》的封面，将格里高尔画成大甲虫。他认为对甲虫只能意会，不可用图画来表现。他建议封面上可以画格里高尔的父母亲和一个妹妹站在紧锁的门前；或者最好是父母和妹妹在一间被灯照亮的房间里，房门打开，通往隔壁黑暗的房间。最后画家画的是一名男子以手捂住脸站着，他的背后是一扇半打开的门。这与他的建议接近。

在婚姻问题上他向费莉斯求婚，又找理由不结婚。他鼓起勇气向父亲提起订婚的事，但父母亲同意后他又感到失望。终于在1914年复活节订婚，同年7月在原订9月的婚礼前二个月在柏林，由费莉斯及其亲友组成的"审判法庭"，"宣判"解除他们的婚约。这个经历虽很可怕，但促成了现代文学史上最著名的作品之一。他的小说《审判》（1915）中，一位三十岁的银行代理人突然被捕，他要求说明罪名，答复是法庭不会捕错人。他对不公正的审判提出异议，结局就是草草处决。小说告诉我们这个世界是荒谬的，人是无法摆脱它的。他向人类指出这点，要大家勇于面对现实，寻求自由。

1917年完成《致科学院的报告》。一只猴子在科学院发表演说，叙述它转变为人以前的生活，与《变形记》的人变成动物恰恰相反。这部作品一定程度上反映出他考虑到受压迫的犹太人不得不接受同化的艰难道路。

同年六月与费莉斯再度订婚，但至圣诞节时彻底结束，自从那次"审判法庭"后，受审的感觉一直在折磨着他，对外界的解释是他身体不好。12月25日向费莉斯声明他不可能同她一起生活。二天后送她去回柏林的火车站，从此永远分手，他选择适合于作家的孤寂生活。

卡夫卡抱病写了小说《城堡》。书中的主人公K于黑夜来到一个村庄。他是城堡请来的土地丈量员，村中的街道似乎是通向城堡的，但怎么走都不能走近城堡，而庞大的官僚机构总是阻挠他进入城堡，卡夫卡未写完的结局是当他获准在村里生活和工作时，已奄奄一息了。在这最后一部长篇小说中，他再次提醒人们世界是荒诞的，提出人应该主宰自己的命运。

他的小说以荒诞的情节和离奇的手法，来叙述人物的思想和遭遇，引起读者深刻的思考，认识社会的种种矛盾和精神上的危机。他的每一部作品几乎都是写他自己，表现他的内心世界。

1922年7月他因病获准自保险公司退休。第二年他的肺痨病加剧。1924年4月并发喉结核，于6月3日去世。安葬时布罗德致悼词。最深刻的悼文出自捷克作家米伦娜·耶岑斯卡（1896－1944）："他用自己的

◎ 黄金巷小屋 （左侧浅色小屋）

病来承担他对生活的全部恐惧……他的作品中充满了残酷和痛苦，在他看来，整个世界上都是看不见的幽灵，这些幽灵向无助的人进攻，并毁灭他们。"

他生前发表的作品只有《变形记》及一些短篇小说。他的作品得以广泛流传，应归功于布罗德。他没有执行卡夫卡销毁所有手稿的遗嘱，而是将其三部长篇小说《美国》、《审判》、《城堡》相继整理后出版，并先后于1935，1949年编成6卷及9卷的《卡夫卡文集》。他的长篇小说手稿是布罗德于1939年3月德军进攻布拉格前夜，以手提箱装着带离捷克去巴勒斯坦的。他还在1937年完成《卡夫卡传》。

希特勒上台后卡夫卡的著作被列为禁书。《卡夫卡全集》自然消失，直至1950年他的作品才再度问世。二十世纪后半个世纪中，他的作品借翻译重新输入德国，并声名远扬西欧，历久不衰，形成卡夫卡热。但在捷克共产党执政时期，卡夫卡的著作在他的祖国因思想内容而被禁。

英国作家卡内蒂（Elias Canetti1981年诺贝尔文学奖得主）以卡夫卡与费莉斯的爱情为题材写了《另一场审判》。德国女作家安娜·西格斯（AnnaSeghers1900-1983）在《奇怪的会面》中，卡夫卡与果戈里、霍夫曼（E.T.A.Hoffmann1776-1822德国作家）进行了长时间的谈话，遭到了他们的批判。

布拉格是奥匈帝国的重要城市，官方语言是德语。卡夫卡是犹太人，布拉格的独立文化传统及历史地位孕育了他的写作。

卡夫卡纪念馆位于旧城广场旁，对面为圣尼古拉教堂。本来是座三层大楼的建筑，1897年扩建为五层，门口仍保持原状。纪念馆另有小门，右上角写着5号。在转角处的墙上是卡夫卡的头像，下面刻着"弗朗兹·卡夫卡1883年7月3日在此出生"。

纪念馆的小册子称，当年的极权统治不喜欢卡夫卡，今日此馆是作为对卡夫卡小小的赎罪。

馆内高处为布拉格重要景色的素描画环状排列于墙上。入口处左侧的墙上为以照片为主组成的编年史，分为四部分：

（1）展出他童年和青年时代及他父母亲的像，他在布拉格的家、德语文科中学及费迪南·卡尔德文大学的照片。

他在大学时代最要好的同学是后来成为艺术史学家的奥斯卡·波拉克。1902年卡夫卡给他的信中称："布拉格长着一对爪，不放过人，要么起来反抗。"也展出了对他一生影响巨大的麦克斯·布劳德的照片。

（2）二十世纪初布拉格在欧洲及世界文化史上，处于不寻常地位。卡夫卡力排宗教和民族主义的偏见，在友人洛维（Loewy演员）协助下，1912年2月在布拉格犹太市政厅举办朗诵会，表现了他对属于印欧语系、后来成为东欧犹太人使用的意第绪语言的痴迷。

1908－1922年期间他在工人意外保险公司工作。如今该大厦是法国宾馆，大厅建有他的铜像。

（3）1912年是他生活转折的开始，他在布劳德的寓所遇见费莉斯。9月20日他写第一封信给她，二天以后以八小时完成小说《裁决》，这部小说是他文学创作的一个突破，得到了冯塔纳（Theodor Fontane1819－1898德国小说家）奖。

（4）晚年结识两位女性都不寻常。1920－1922年与之有一段短暂爱情的是米伦娜·耶岑斯卡（1896－1944捷克作家和翻译家）。

◎ 卡夫卡的墓地

他在给布劳德的信中称赞她："我从未见过如她那样的生命之火。"对卡夫卡最深刻的悼文也出自米伦娜。

1923年他在疗养院结识一位波兰姑娘多拉·迪阿曼特。她亲切地照顾他，为他清除口腔内的血液。卡夫卡与疗养院人员的合影中还带着笑容。

馆内还展出他部分作品的第一版。《变形记》的封面符合了他的要求，《变形记》堪称现代德语文学中最有力的作品。但笔者在布拉格买到的英文本的《变形记》的封面并无插图，封里第一页的全版是一只大甲虫。

经过查理士桥，在古堡附近的黄金巷22号，当年是卡夫卡完成短篇小说集《乡村医生》的斗室，现在只是出售纪念品的小屋。

卡夫卡的墓地在布拉格的新犹太人公墓。他的父母亲也葬在一起。墓碑底部还刻着三位都在集中营丧生的妹妹的名字。

旅游资料

一　卡夫卡纪念馆（布拉格）
·地　　址：Kaprova5（St.Nicola Church旁）
·开放时间：星期二至日10：00－18：00
　　　　　　星期一闭馆（二）
二　卡夫卡墓地
·地　　址：Zidovske Hrbitovy
·交　　通：近地铁站Zelivskeho

命运坎坷的俄罗斯女诗人

——走进阿赫玛托娃的内心世界

安娜·阿赫玛托娃（1889－1966）出生于敖德萨一个海军军械师的家庭，一岁时举家迁往皇村。皇村在彼得堡南郊，现名普希金城。当年普希金、莱蒙托夫、杰尔查文、茹柯夫斯基都曾在此学习和生活。她在那里一直生活至十六岁。

她最早读的是杰尔查文的《皇子诞生颂》和涅克拉索夫的《严寒，通红的鼻子》。她十一岁时开始练习写诗，1906年发表了第一篇作品《他手上戴着多枚闪亮的戒指》，刊于古米廖夫在巴黎编的俄语文学刊物《天狼星》上。

1907年她考入基辅女子学院法律系。她喜欢拉丁文和法律史，课外时间主要用于阅读文学作品和写作诗歌。

1910年与古米廖夫结婚。

1912年从创作的二百首诗中选出四十首，出版了第一本

◎ 阿赫玛托娃像（纪念馆告示）

诗集《黄昏》，该年游览意大利北部。意大利的绘画和建筑给她留下了深刻的印象。

1917年出版诗集《白色的鸟群》。除了爱情还增加了更广阔的内容：祖国、饥饿、土地、贫困、战争等词频频出现。十月革命后她在农业研究所的图书馆工作。同年12月文学批评家维戈茨基在《新生活报》上的文章中，将安娜与马雅科夫斯基分别作为"缅怀过去"与"面向未来"的代表人物。文学理论家楚科夫斯基的文章《两个俄罗斯》也认为是两种不同的倾向。

尽管安娜与古米廖夫彼此相爱，但作为诗人，他们各自的个性和独立性太强了，以致在共同生活中不可能彼此相容。1918年两人办了离婚手续。同年年底，安娜与在彼得格勒的考古研究所工作的东方学专家希列依科结婚。但1921年夏天两人分居，1928年正式办离婚手续。

1921年8月7日诗人勃洛克病逝，出殡时安娜写诗悼念他。8月24日古米廖夫以反革命阴谋罪被处决，案情是彼得堡大学历史学教授"塔甘采夫事件"，谋反人员中有他。当时离婚已三年的安娜也受牵连。因为两位诗人的陨落，她写了《恐惧》，不过她把写作年代改在1914年。1922年8月遇见旧友尼古拉·普宁（Nikola Punin）。普宁的童年和少年时代也在皇村度过，以后毕业于彼得堡大学历史语文系。不久后，阿赫玛托娃迁去普宁在喷泉屋的住所，开始长达十五年的同居生活。

1924年莫斯科开诗歌朗诵会，文学批评家格罗斯曼认为她是俄罗斯最优秀的女诗人。据说参加此会的斯大林对全体起立鼓掌不满，以后报章不敢再登载她的诗歌。

她当时交往较深的朋友为作家帕斯捷尔纳克、诗人曼杰斯坦姆、及文艺理论家楚科夫斯基等。曼杰斯坦姆因写讽刺斯大林的诗被捕，于1934年入狱。阿赫玛托娃变卖了细软，凑足了路费去莫斯科找帕斯捷尔纳克，两人同去找高尔基帮忙。其时高尔基已失势，于是帕斯捷尔纳克求助于布哈林，布哈林见到他留下的纸条后，拟了一份报告给

◎ 阿赫玛托娃纪念馆

◎ 阿赫玛托娃浮雕

斯大林。斯大林打电话问帕斯捷尔纳克，为什么不找作协。帕斯捷尔纳克答以1927年后作协不再管事了。后来曼杰斯坦姆被判流放三年，以后1938年再次被捕，判处劳改五年。

1935年安娜的儿子列夫与普宁同时被捕。安娜再次去莫斯科，与作家布尔加科夫商议后，给斯大林写信，称这两人是清白的，绝不会进行危害国家和布尔什维克的活动。又求助于作家皮里尼亚克的一位任斯大林负责要务的秘书的朋友。数天后那位秘书给帕斯捷尔纳克去电话，说普宁与列夫均已被释放。列夫被列宁格勒大学开除，转学去莫斯科。但1938年3月列夫再次被捕，原因是列夫不承认父亲古米廖夫有"历史问题"。以后又被关了十七个月。

在探望时安娜遇见楚科夫斯基的女儿莉姬娅，莉姬娅的丈夫被关在同一监狱，莉姬娅以后常去看望她，在自己的札记中详细记录了每次见面时的情况和谈话内容。上世纪七十年代莉姬娅在巴黎出版了二卷《阿赫玛托娃札记》。

1935年安娜着手写作组诗《安魂曲》。"丈夫进坟墓，儿子进监狱。"怎能不为命运的不公平而向上苍求助呢？

死亡之星悬在我们的头顶，
无辜的罗斯不停地战栗
在血腥的皮靴下，
在黑色的小车里。

她往往将片断写在纸上，传给最可靠的朋友。以后由朋友默诵，在脑里储存，再将该纸片扔掉。在相当长一段时期里仅仅是口头相传，1987年才能以全文发表在《十月》杂志上。

1939年斯大林说，还是应该让她发表作品。因而她的住房，提高养老金，出版诗集都一一得到解决。但1940年的《选自六部诗集》又因斯大林不满其中一首诗而销毁，她的养老金和住房随之没有下落，此时帕斯捷尔纳克给她去信安慰，她开始构思长诗《没有主人公的叙事诗》。

1940年在纪念勃洛克的晚会上，她朗诵诗向勃洛克致敬。在她心目中勃洛克等同于二十世纪的普希金。

1941－1944年被遣送去塔什干。1943年《诗选》出版后，帕斯捷尔纳克特地写书评祝贺。女诗人别尔戈丽茨一直将她当作自己的导师，曾作诗回忆安娜在卫国战争时的表现。那时她经常去医院给伤兵们朗诵诗歌。

1945年9月英国委派以赛亚·伯林（Isaiah Berlin1907－1997二十世纪著名思想家）为驻苏使馆临时一等秘书。伯林出生于拉脱维亚一

◎ 阿赫玛托娃的卧室

个犹太人家庭，后随父母迁居彼得堡。十月革命后流亡英国，就读于牛津大学。1945年11月去列宁格勒，与评论家奥尔洛夫在书店中谈及安娜。他当天下午即去她家，她问他伦敦是如何度过这场战争的。伯林不知道她1940年写过《致伦敦人》，诗中表达了想起伦敦遭到破坏时的恐惧，也显示了对欧洲文化统一性不可动摇的信心。谈到一半，丘吉尔的儿子来找他，只能匆匆离去。于当晚再去，一起谈共同的熟人。她向他询问移民国外的俄国朋友们的情况。在她看来，伯林充当了两种俄罗斯文化间的信使：一种流亡在国外，另一种在国内受到贬压。她对伯林说："你是从人的社会中来的，我们在这儿被人与人间的高墙隔绝。"安娜为他朗诵诗歌。听到《没有主人公的叙事诗》时，伯林激动不已，认为这是一部写给全欧洲的安魂曲。伯林明白在他面前的是用他母语写作、尚在人世的诗人中最伟大的一个。伯林不会想到若干年后，安娜进行修订时，伯林作为来自未来的神秘访客，也被写进这长诗中。安娜的儿子凌晨3时回来，三人吃完土豆，安娜与伯林长谈至第二天11时。

以后流言说小丘吉尔在列宁格勒从事一项救援行动，要将阿赫玛托娃迅速送往英国，事实上只是小丘吉尔要伯林回宾馆把买来的鱼子酱与冰放在一起。伯林被派驻莫斯科是为了写一份关于苏联外交政策的备忘录，他在12月用一个月时间写了《关于1945年最后几个月的苏维埃社会主义联盟共和国文艺情况的笔记》，这倒是受了阿赫玛托娃的影响。

1946年1月伯林去赫尔辛基，途经列宁格勒。伯林送给安娜一本英文版卡夫卡著的《城堡》和英国女诗人西特韦尔（Sitwell1887－1964）的诗选。安娜回赠几本自己的诗集，每本她都亲自写上献词，以后还写了首组诗献给伯林。伯林写给朋友的信中说，造访阿赫玛托娃，是发生在他身上最令人激动的一件事。

他们的交往自然招来麻烦。在KGB档案中伯林被当成英国间谍，

◎ 长镜边缘黏着好友的相片

伯林离开后不久，秘密警察趁她不在家时装上了窃听器。斯大林说：

"如今我们的修女和英国间谍勾搭上了。"

同年 8 月苏共中央严厉批评《星》和《列宁格勒》两杂志，认为不该给阿赫玛托娃和左琴科的作品提供版面。9 月作家理事会主席团改组《星》的编委会，勒令《列宁格勒》停刊，开除阿赫玛托娃和左琴科的作家协会会籍，甚至解除吉洪诺夫的作协主席职务。这些公开的禁令，使在法国的伊凡·蒲宁取消了返回祖国的念头。

安娜再次被剥夺发表诗歌的权利，不得已从事外国诗歌的翻译工作。她一共译了五十多位外国和苏联其他民族诗人的数千行诗歌，包括屈原的《离骚》和李商隐、李白的诗。

1954 年 8 月安娜受邀请参加苏联作协第二次全国代表大会，会见了法捷耶夫、肖洛霍夫、爱伦堡。法捷耶夫曾为列夫案件的重审出力，爱伦堡又以个人名义给赫鲁晓夫写信。列夫的案件至 1956 年才解决，当时列夫仍在劳改农场，5 月时被释放。

1955 年安娜在列宁格勒远郊柯马罗沃（芬兰北岸小镇）分配到一

◎ 阿赫玛托娃纪念碑

所小别墅。英国诗人弗罗斯特（Frost1874－1963）1962年来访，两位高龄诗人会见。

　　1963年安娜修订了一生最重要的作品《没有主人公的叙事诗》。

　　1964年意大利政府将"埃德纳·陶尔明诺"国际文学奖（意大利最高级别的诗歌奖）授予她。1965年牛津大学授予名誉文学博士学位。她在伦敦重遇以赛亚·伯林，她感谢他为她在西方赢得她理应得到的承认所作的努力。

1966年3月5日安娜因心肌梗塞去世。葬礼在列宁格勒尼科尔斯基大教堂举行，灵柩送往柯马罗沃公墓。以后列宁格勒新闻电影制片厂摄制的纪录片被没收，摄制的工作人员被免除公职。

1989年6月联合国教科文组织决定，世界纪念这位文化名人诞辰一百周年。苏联作家布罗茨基（1987年诺贝尔文学奖金获得者）写了《阿赫玛托娃百年祭》。1964年布罗茨基被判刑五年时，阿赫玛托娃、肖斯塔科维奇等集体请愿。布罗茨基被提前释放，1972年离开祖国。

阿赫玛托娃纪念馆位于圣彼得堡喷泉河畔，这座著名的喷泉屋原名舍列梅捷耶夫宫。她住在南翼的三楼。1989年她诞辰100周年时正式开放为纪念馆。

据《阿赫玛托娃传》（汪剑钊著）言，阿赫玛托娃1922年迁去喷泉屋与尼古拉·普宁同住。但纪念馆的两本介绍书中有两种不同的说法，分别为1920－1950及1927－1952年，阿赫玛托娃住这里。1941－1944年她被流放去塔什干。

笔者2007年去时参观的人不少，有些还是来自欧洲其他国家的年轻人。

读过其他作者的报导，这次发现纪念馆展出物已精简了不少。

第一室主要介绍她的家庭和回顾她的文学生涯。展出她的三位丈夫和儿子、以及好朋友如肖斯塔科维奇、布尔加科夫、曼杰斯坦姆等的照片，以及牛津大学文学博士的袍服。少量手稿中自然不会有《安魂曲》。

第二室是她丈夫普宁的房间和工作室。展出他的工作台、照相机及书柜。

接着是餐室，沙发旁是普希金画像及旧式留声机。

第四室原是儿童室。1944年以后是阿赫玛托娃的卧室，睡床、衣柜和书桌都是陈旧和古老的。在这儿她写了《安魂曲》和《没有主人公的叙事诗》。

最后一室于二战前为普宁女儿所住，战后归阿赫玛托娃所用。茶几旁是一张沙发椅和一张木椅，是招待访客用的。长镜子的边缘黏着几张好友的相，其中一张右手撑住下颏的是以赛亚·伯林的照片。

阿赫玛托娃的墓地在圣彼得堡西北郊的科马罗沃镇。坟头上是巨大的十字架，石块砌成的墙上镶嵌着她年轻时的侧面浮雕像。

旅游资料

阿赫玛托娃纪念馆（圣彼得堡）
·地　　址：Liteyney Prosp.53
·开放时间：星期二10：30－18：30
　　　　　　星期三13：00－21：00
　　　　　　星期四至日10：30－18：30
　　　　　　星期一闭馆
·交　　通：近地铁站Mayakovskaya或Vladimirskaya

著名的戏剧革新家

——布莱希特故居纪略

德国剧作家，诗人布莱希特（Bertolt Brecht1898-1956）出生于巴伐利亚州奥格斯堡一个商人家庭。他1917年入慕尼黑大学读哲学系，第二年改修医科。1918年德国十一月革命时支持巴伐利亚共产主义共和国，被医院士兵推选为奥格斯堡士兵革命委员会成员。革命遭镇压后，将失望写入剧本《夜半鼓声》（1919）中。该剧于1922年公演，获克莱斯特（德国剧作家，小说家1777-1811）奖金。

1923年他被聘为慕尼黑剧院导演及艺术顾问，剧院上演他的《夜半鼓声》。翌年被著名导演赖因哈德聘为柏林德国话剧院艺术顾问。他的剧本《英皇爱德华二世的生平》，由他本人导演。

1926年开始研读《资本论》，接着写出描写资本主义经济制度引起的社会弊病：《人就是人》（1926），《马哈哥尼城的盛衰》（1927），《三毛钱歌剧》（1928）等。

1933年国会纵火案次日，他去丹麦斯文堡附近一个农舍住了六年，期间参加反法西斯斗争。1938年完成《伽利略传》。

1939年被迫离开丹麦去瑞典，完成《大胆妈妈和她的孩子们》。在芬兰居住一年后，1941年乘瑞典货轮去洛杉矶。1944年完成《高加索灰阑记》。在朋友家结识著名演员切尔斯·劳顿（Charles Laughton1889－1962曾在电影中扮演亨利第八，画家伦勃朗等），一起将《伽利略传》译成英文。

1947年10月30日美国国会"非美活动委员会"传讯他。他与另外十九人一起作为敌对的证人被传唤出庭。其他人达成协议，一致拒绝回答有关共产党员身份问题，因而被控蔑视审委会。轮到他被问及共产党员身份时，他断然否认。以后竟被作为特别合作的证人，得到公开的感谢。

旋即离开美国，回到欧洲。以后去瑞士的苏黎世和柯尔（Chur）。

◎ 布莱希特像

1948年10月受东德德国民主革新文化联盟的邀请，到东柏林访问。欢迎十分隆重，欢迎会上他的两旁分别为皮克总统及苏军政委杜巴诺夫上校。布莱希特认为东占区是要战后和平的。"发号施令的社会主义总比没有社会主义好。"他深信东德应是他戏剧活动的基地。

1949年夏天，他弄到一张奥地利护照，一位西德出版商及一个瑞士银行的账户。东德政府将"船坞剧

◎ 布莱希特纪念馆

院"让给他作为"柏林人剧团"的永久驻地,他得以进行舞台实验和探索。同年10月皮克被选任第一任总统时,布莱希特寄去贺信并附诗《致我的老乡们》（皮克习惯于以"我的老乡们"开始在群众大会上的讲话）。

1954年东德文化部长聘他为文化部艺术顾问。1955年他被授予国际斯大林和平奖。布莱希特在东德度过了他最后七,八年,其间他经历了东德政府1951年发动的"反形式主义运动"。他不断地和当时居

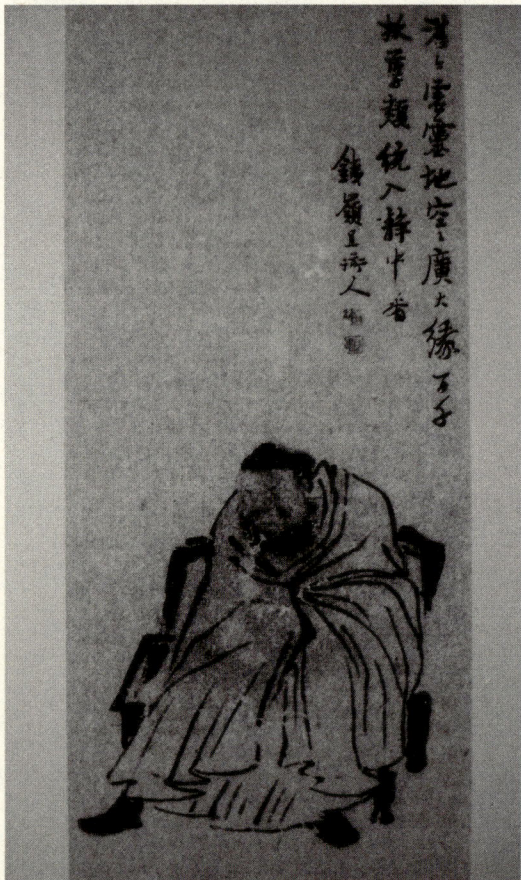
◎ 墙上的轴画

于东德文坛统治地位的卢卡契的文艺理论交锋。东德官方的形式主义理论完全脱胎于日丹诺夫。1934年日丹诺夫在苏联第一次作家代表大会上，将资产阶级文艺斥为颓废艺术。东德执政者将之作为指导思想，把不按传统现实主义规范的创作，一律斥之为形式主义，如五中全会决议批评德骚（Dessau歌剧作曲家）为布莱希特的歌剧脚本《审讯卢古卢斯》的谱曲是形式主义。该歌剧1951年演出时受到群众热烈欢迎，但统一社会党领导在观众欢呼时（长达半小时）退席。

1956年8月14日布莱希特去世。

他的主要功绩是对传统式戏剧进行革命。他认为戏剧必须有助于观众对社会的深刻认识，并使他们转化为行动。他被公认为戏剧革新家。

布莱希特在二十世纪二十年代，提出叙体性戏剧，或称叙事剧，与传统的戏剧性戏剧不同。

戏剧性戏剧，即亚里士多德式戏剧——强调戏剧性，偏重于将观众的感情，吸引到剧情中去，使之关注事件（情节）的结局，从而达到教育的目的。

叙体性戏剧，即非亚里士多德式戏剧——偏重于观众的理性。剧本突出舞台整体的叙事风格，使观众认识和关注事件的过程。通过思考判断剧情的是非曲直而得出结论。上世纪五十年代初译为史诗剧是不恰当的，布莱希特决定用"辩证戏剧"来取代"叙体性戏剧"。

他将叙事剧分为三类：

（1）教育剧。这是上世纪二、三十年代德国工人运动蓬勃发展的产物。主题为个人与集体、自由与纪律的关系，《例外与常规》、《措施》、《母亲》（根据高尔基同名小说改编）都属此类。

（2）寓意剧。对现实中人与人的关系，进行哲学性概括。他的《高加索灰阑记》根据中国元代杂剧作家李潜夫的《包待制智勘灰阑记》改编，作者同情受欺压的低层贫苦人民，歌颂美好事物，将愤怒与嘲讽指向权贵。剧中法官面临的不是那个母亲有权要孩子，而是孩子有权选择一个更好的母亲。人与人之间的矛盾，应依"一切归属于善待他之人"解决。戏中戏是全剧的正文。

《四川好人》表现人的善良性格和行为，不能见容于人剥削人的社会制度。

（3）历史剧。《伽利略传》全剧反映了科学与愚昧的斗争。伽利略是伟大的科学家，他追求光明，动摇了神权统治，但又违背真理，维护教廷权威而背叛人民。他有意想给反法西斯战士树立榜样。1945年美国使用原子弹后，他改写了剧本，突出了伽利略科学研究的盲目性和对反动势力的奴颜婢膝，加重了对他的批判，强调科学家对社会应负的责任。我国著名科学家华罗庚看了北京人民艺术剧院的演出流泪，感叹为什么搞科学这么难。

《胆大妈妈和她的孩子们》取材于十七世纪格里美豪森（1611-1676德国小说家）的作品。描写十七世纪宗教战争时小商贩的经历，最后她的二个儿子及一个哑女都死于战争。想在战争中得益的，终被战争所毁。哑女是全剧最善良的人物。她冒着危险爬上屋顶去击鼓，震醒沉睡中的居民，也唤醒精神沉睡的人们。

《公社的日子》表达了1871年世界上第一个工人阶级政权的现实意义。

除了戏剧，他写了2234首诗歌。多在民歌、民谣的基础上写，带有对劳动人民进行革命启蒙的特点。他的主要诗集为《家庭格言》（1926）、《歌曲集》（1934）及《斯文堡诗集》（1939）。

他还写过小说：《三毛钱歌剧》（1934），《负伤的苏格拉底》（1949），《尤利乌斯·恺撒的事业》（1949）等。

他与作曲家艾斯勒（Hanns Eisler）多次合作，他的剧本《伽利略传》、《母亲》、《圆头族和尖头族》等均系艾斯勒配乐，他1931年写的《团结之歌》也由艾斯勒谱曲。1932年维也纳体育场上，七千名歌手向六万名观众演唱。反弗朗哥的国际纵队，二战时的红军，及新中国成立前后的中国校园中，此曲响彻云霄。

文坛对他有不同评语。英国作家保罗·约翰逊（1928-？《新政治家》编辑）在《知识分子》一书中称："他具有一面宣称自己对公众的贡献，一面增进个人利益的卓越本领。"

据称他的戏剧在高额赞助和非常理想的条件下演出。他对阿诺特·布罗耐（1895－1959奥地利剧作家，小说家，写过回忆录《和布莱希特在一起的日子》）曾说："人们饿死关你什么事？一个人应该有所成就，应该使自己出名，应该得到一个剧院上演自己的戏剧。"德国著名作家托马斯·曼称他为"一个走政党路线的人"，"一个魔鬼"。

他的主要功绩是对传统戏剧进行革命。他认为戏剧有助于人们对社会的深刻认识，并使认识转化为行动。

布莱希特有着强烈的中国情结。他对道德经、庄子学说、墨家学说都有兴趣。他译过十二首中国古体诗。他将白居易与李白、杜甫的诗作了比较，认为李白的诗不及白居易的诗易懂。

1953年他在莫斯科看了梅兰芳的演出，以后写了《论中国人的戏剧》，认为中国戏剧值得借鉴。

他的不少作品与中国有关，如《四川好人》、《高加索灰阑记》、《图兰朵》及反映中国解放战争的诗篇《另一边》等。1959年他的作品《胆大妈妈和她的孩子们》在上海上演，由佐临导演。以后《伽利略传》、《高加索灰阑记》、《三毛钱歌剧》等相继在北京上演。

布莱希特自1953年10月起，迁去柏林的公路街125号2楼，居住至他去世。1978年起辟为纪念馆。我国多位作家曾去造访，赞扬他的中国情结，说这里展出孔子画像、吴道子名画的仿制品、黄苗子画的《沁园春·雪》等。中国的旅游书《柏林》（中华书局1999）的介绍

◎ 布莱希特和夫人的墓地

中称展出他的包括各国文化典籍的巨大书架，其中有不少中国书。

　　笔者2007年去时，只见到极少展品，上述作品及藏书均未见到，空旷的房间中只见稀疏的木制家私，写字桌上放着他的打字机和台灯，墙上挂着一位老叟坐在椅子上的画，画的右上方写着："湛湛虚灵地，空空广大缘。万千妖孽类，统入静中看。"落款是"钱岭呈道人"。这是他终身崇尚的中国哲学家老子的画像。布莱希特为此专门写了首诗《怀疑者》。

　　因有几位来自丹麦的访客，缠住那唯一的工作人员（布莱希特曾在丹麦住过6年），无机会向她询问何以纪念馆变得如此简陋。

　　多罗顿国家公墓（Dorotheen stadtisher Friedhof）就在纪念馆旁。布莱希特的墓只是一块三角形的石头，他夫人的墓在旁边。安娜·西格斯、黑格尔和艾斯勒的墓都在附近。

旅游资料

布莱希特纪念馆（柏林）

·地　　址：125 Chausse Strasse

·开放时间：星期二、三、五10：00 - 11：30
　　　　　　星期四10：00 - 11：3017：00 - 18：30
　　　　　　星期六9：30 - 13：30

·交　　通：搭地铁至Friedrichstrasse

反极权、追求正义和自由的作家

——凭吊奥威尔故居和安息地

　　乔治·奥威尔（George Orwell1903–1950）是英国二十世纪著名作家、记者和政治预言家，也是个理想主义者。他的政治寓言小说《动物农庄》和《一九八四》震撼世界。正如他自己所说："1936年以来，我所写的每一行严肃文字都直接或间接地支持我所理解的民主社会而反对极权主义。"他的主要作品都已有中文译本。

　　奥威尔原名埃里克·阿瑟·布莱尔（Eric Arthur Blair）。1903年出生于印度孟加拉，父亲是英国在印度的文职官员。奥威尔1917至1921年获得奖学金，在伊顿公学上学。1922至1927年在印度皇家警察驻缅甸部队服役，深刻体会到帝国主义对殖民地人民的血腥统治。1928年起过着潦倒的生活，先后出入于巴黎、伦敦的饭店、厨房和收容所，尽力接近低层群众。1933年完成《巴黎伦敦落魄记》。1934年

◎ 乔治·奥威尔像

小说《缅甸岁月》出版，描写正直的个人与令人压抑的社会现实间的矛盾。以后他写作书评和教书。

他的大半生在贫困中度过。他曾经以种蔬菜及土豆、饲养鸡及羊、开小货铺为生。在写作之余要务农、喂饲、进货、结账……他还住在兰开夏郡的煤矿工人家中，深入体验当年矿工的艰辛劳动和贫苦生活。"……爬到煤层至少要走一里。而这是一个矿工的工作中，开始和结束时的劳作，他们真正的工作是在这二次爬行之间。"今天，在前往诗人华兹华斯（Wordsworth1770-1850）故居的路上，于维冈码头可见到"奥威尔酒吧"。他的反映矿区工人苦难的《通往维冈码头之路》第一版即印了42,000册。

1936年年底去西班牙参加国民军，1937年6日受伤后回到英国。他自称是社会主义的同情者，在某种程度上与英国独立工党有联系。

二战期间，他为英国广播公司印度部工作。1943年担任英国工党左翼报纸《论坛报》的文学编辑。期间他写了小说和不少书评、政论、新闻作品。

奥威尔自1933年起患肺结核病，反复发作及咳血，终至左肺上叶形成大空洞。因无完好的肺叶，外科医生不主张手术治疗。1948年以后虽采用注射疗法，及注射链霉素和服用氨基水杨酸，均无起色。因为请不起打字员，他自己在病床上用打字机校改小说《一九八四》校样。最后终告不治，于1950年1月因肺结核病内出血去世。

奥威尔最重要的三部作品是《向加泰罗尼亚致敬》（1938），《动物农庄》（1945）及《一九八四》（1949）。通过这三部小说和发表的书信，使我们对他和他的作品有更深的了解。

他于1936年底作为战地记者奔赴西班牙，1937年5月卷入巴塞罗那的骚乱，6月于前线中弹，伤及喉部后回英国休养。他将经历写成《向加泰罗尼亚致敬》，1938年于伦敦出版，该书已有中译本。

奥威尔去西班牙是独立工党介绍的，据说是因为当时的英共书记蒲立德认为他不可靠，不予介绍。他被分派去西班牙马克思主义者统

◎ 奥威尔于伦敦伊灵顿的故居

一工人党的国民军中服役。该党简称POUM，在西班牙的加泰罗尼亚地区的势力最大，但受到斯大林主义者和托洛茨基主义者两方面的攻击。早在他奔赴西班牙之前，斯大林已下令加泰罗尼亚的共产党首领消灭马统工党。如果他持的是共产党的介绍信，就可能分配去国际纵队了。虽然他未能去马德里，"但能和无政府主义者及马克思主义统一工人党的人们，一起战斗在鲜为人知的前沿阵地，而不是国际纵队，同样高兴。"但他又认为如果预见到对POUM的镇压，又未必会去。"我们是以去做英雄的民主卫士开始的，却以被警察在屁股后赶着逃过边界而结束。"尽管他与夫人爱琳一起逃出，但几乎他所有的在西班牙的朋友和熟人，都被关进监狱，仅仅因为被怀疑拥护托洛茨基主义。对此当时的报刊都选择沉默。

　　奥威尔自西班牙回到英国后，即表示要写一个关于政治阴谋的复杂故事。"这个政治阴谋在全世界的许多党员和无政府主义者之间发生的。"但他很快发现所有试图对1937年5月和6月期间加泰罗尼亚发生的事件，进行忠实的报道都不能在英语报刊上发表。"很多人带着不同的坦率告诉我，说一定不要把在西班牙发生的事实的真相，以及西共在其中表现的角色说出来。

◎ 奥威尔墓地

因为这样会使公众对西共产生偏见，从而帮助了佛朗哥。"最终《向加泰罗尼亚致敬》1938年于伦敦出版，而大西洋对岸的纽约出版该书已是1952年的事了。奥威尔的作品告诉我们，参加西班牙内战的国际志愿人员的处境，远远不如美国作家海明威所作《丧钟为谁而鸣》那样浪漫。他认为关于西班牙内战的那部书几乎是他写过的最好的书。去英格兰北部工业区考察大萧条期间工人阶级情况和参加西班牙内战，改变了他的态度。以后他写作的动机完全是出于公众精神，他认为他那些没有政治目的的书，是写得最没有生机的书。

奥威尔的《动物农庄》是部讽刺性寓言小说，讲动物起来革命向人类夺权，以后产生特权阶层和专政统治，主要讽喻斯大林的独断专制。该书完成后不能很快出版。出版公司拒绝出版，理由是从政治上看，当时不是出版这类作品的良机。戴尔出版公司拒绝的理由是在美国，动物故事没有销路。把这本书当成真正的动物故事，不知是出于愚蠢还是借口假托。而最早签订合约的法国出版商也打退堂鼓，说由于政治原因不能出版。"这样的事偏偏在法国发生，想到这我就感到悲哀。"他甚至打算自己把书印出来。该书终于1945年在伦敦出版，第二年在纽约出版。耐人寻味的是奥威尔于1945年3月的信中写道："在第八章中，当风车被炸掉以后我这样写的，'所有的动物，包括拿破仑，全都大惊失色。'我想改为：'所有的动物，除了拿破仑以外，全都大惊失色。'我想这个改动可能对J.S.（指斯大林）更公正，因为在德国进攻苏联期间，他的确留在莫斯科。"可见奥威尔写作时，对重要人物的论述是认真的。

早在1944年，奥威尔即认为是否愿意批评俄罗斯和斯大林，是对知识分子诚实与否的一次测验。"……需要勇气的事是批评俄国。这是英国知识界的大部分人都认同的唯一的事。"

奥威尔反对双重标准，反对篡改新闻。"假如不管苏联犯了什么罪，人们都予以宽恕，那么建立健康的社会体系是不可能的。"

1945年他认为当时的国际组织"人权联盟"没有做过什么，已变成一个斯大林分子的组织。因而与匈裔英国作家凯斯特勒（Arthur Koestler名著《中午的黑暗》作者）想发起成立一个国际组织，保护每一个国家的每一个人，促进新闻及出版自由，反对任意逮捕，反对不经审判即进行监禁、流放及限制行动自由等。他们想在1946年夏季召集建立这样一个组织的会议，然而未能召开。但奥威尔声称会继续努力，反对在英国进行集权主义的宣传。不知出于什么原因，他在给凯斯特勒的信中称，科学家比作家更容易接受极权主义的思维习惯。

基于他的捍卫民主社会主义的思想，经过长期的构思，著名的描写极权主义统治下阴森可怖社会的政治寓言小说《一九八四》于1948年出版，该书影响至大，现代英语中出现了所谓奥威尔现象（Orwellian）一词，指奥威尔描写过的社会现象。与小说同名的电影于1984年上映。书中奥威尔想象一个1984年的世界，极权统治将统治世界，世界被分为三个寡头统治区。大洋国疆土辽阔，包括英国和美国。实际上奥威尔描述这个重点国家，将纳粹德国和极权俄罗斯的政治与二十世纪四十年代的伦敦相结合。伦敦的四幢大楼即是：负责造谣、篡改过去历史的真理部，维持法律和秩序、负责拷打和审问的仁爱部，负责对外战争的和平部，以及掌管经济事务、制造饥饿的富足部。人们任意说谎造谣，靠监视别人得到升迁的机会。不论哪个方向，电幕时刻监视着人们。还有思想警察和业余密探。

其他二个国家是俄国侵吞欧洲后成立的欧亚国，及包括中国、日本、南亚诸国的东亚国。三个超级大国势均力敌，永远是拉一个打一个。每隔几年敌友关系总要发生变化。书中的年代正是大洋国针对俄国的侵吞欧洲开展"仇恨周"。

德国作家戈洛·曼（Golo Mann）在《法兰克福评论报》中指出，此书不仅抨击了共产主义，也对德国极权主义意识形态的现实危险性提出了严重的警告。

◎ 国际纵队战士雕像（柏林）

　　奥威尔在回答一位工人的信中，声称写此书不是要攻击社会主义或是英国工党，而是"为揭露由于经济集中而导致集权和法西斯主义所带来的堕落……集权思想已经在每个地方的知识分子心中扎下了根……假如不向极权主义宣战，集权主义在任何地方都可能取得胜利。"他把故事放在英国，只是为了强调这点：说英语的人不比其他人更好。

　　奥威尔同情中国人民对日本侵略的抗争。《亚当和伊夫》及《自由的社会》作者约翰·弥德尔顿·莫里曾这样提过："我们总是习惯于把日本与中国之间的战争跟欧洲的战争相提并论。但这根本不是同一类型的战争。因为一般中国人都希望被征服，那是数千年的历史教会他们这样希望的。"奥威尔在1944年7月给他的信中是这样驳斥他的：“若说这不是对日本入侵中国的赞扬和鼓励，不是在邀请日本继续侵略中国，我不知道它究竟还有什么意思。”

2003年奥威尔百岁诞辰前夕，英国《卫报》刊载了政治评论家亚煦（Garton Ash）的文章。该文称于1949年在英国外交部资助情报研究处工作的奥威尔的女友雪莉亚★（Celia Kirwan），问起可否为她的工作机构提供写稿的人选时，奥威尔拟定了一份支持或同情共产党的名单。这份名单是雪莉亚2002年去世后，她的女儿整理遗物时发现后寄给亚煦的。

这份名单包括文化和学术界35位著名人士（一说38人），如卓别林、萧伯纳、奥逊·威尔斯（Orsen Wells1915-1985美国著名演员，导演）、约翰·斯坦培克（John Steinback1902－1968美国作家，二战时写欧洲通讯，1947年发表《俄国纪行》）、保尔·罗伯逊（Paul Robesen1898－1976美国著名歌唱家，二十世纪四十年代旅行苏联后开始信奉共产主义）、普里斯特利（John Priestly1894－1984英国小说家，作品批判中产阶级，深切同情失业群众）等。奥威尔认为对这些人士，不应委以重任，不宜请他们写反苏资料。

此事引起一场风波。有人认为奥威尔提出这份名单是对左翼思想的反叛，而不是晚节不保。亚煦认为这显然说明奥威尔与英国政府勾结。但他又认为这只是奥威尔的一个错误，与他一贯立场不矛盾，名声不会因此受蒙。

事实上名单上这些人的亲俄倾向，当时已广为人知。他们不会因此受到迫害，只是不会受聘于英国政府写反苏资料而已。更何况奥威尔反对的只是极权主义，他坚决支持公民权利，曾抗议清理英国公务员中的共产党员。他也曾请萧伯纳去英国广播公司谈挪威作家易卜生。因而也有人认为名单一事，于他只是履行爱国的职责而已。

奥威尔于1944年迁去伦敦伊斯灵顿（Islington）自治镇坎农伯利广场（Canonbury Square）27B，这是他在伦敦最后一个住所，未建为一个纪念馆。只是外墙高处有一蓝色圆形的名人故居标志。

他的朋友描述过这个当年十分破旧、糟糕的公寓。他的前面二间房间正对着广场。天花板灰泥剥落，屋顶漏水。他将此写进了《一九八四》中主角温斯顿的寓所里。他经常打字到凌晨。他的书房有木工用具，像个作坊，他以作木工当休息。据说他做了一张椅子，

◎ 德国人国际纵队纪念铜牌（柏林）

客人坐时如同受刑。《时尚》杂志（Vogue）记者提到一把缅甸的剑和一盏西班牙农民用的灯。他养了一头山羊，使他领养的婴儿有奶喝。他还饲养母鸡，以补充当时食物配给的不足。

他每年去离苏格兰海岸16里的朱拉岛住半年。1949年1月住医院直至去世。

他的墓地在牛津附近的小镇苏顿·考特耐（Sutton Courtney），可坐长途汽车前往。寻找墓地时一位女士考了我奥威尔的真名后，欣然带我前往。墓碑上刻着他的原名和生卒日期。不知名者送的鲜花陪伴着埃里克·阿瑟·布莱尔。

在德国柏林的弗里德里希人民公园的一角，竖立着纪念德国人参加国际纵队的战士雕像。于台阶的铜牌上写着："德国人国际纵队纪念广场西班牙1936－1938"。

*此处以名称之，因她的姓氏在不同的书中不同

一代政治家被暗杀之谜

——造访基洛夫故居

　　1934年12月1日下午四时半，基洛夫来到斯莫尔尼宫，由正门进入。两声枪响，他立刻倒下。四名警卫都不在场，凶手顺从地向赶来的警卫人员投降。

　　第二天一个负责保卫基洛夫的契卡人员鲍里索夫被带去受审，却因汽车失事去世，解剖他遗体的外科医生1962年临终时才说鲍里索夫因头部受击而死。车上其他人员当时均未遇难，过了一段时间也被枪毙。列宁格勒内务人民委员局的领导人被调离岗位，仅受很轻处分，但在1937年也被枪毙。

　　警卫鲍里索夫生前警告过基洛夫，可能发生谋杀。他曾两次抓到带枪在警戒区活动的尼古拉耶夫，公文包内有左轮手枪和基洛夫散步路线图。但当时有人吩咐他放人。

　　凶手尼古拉耶夫被捕后，交代内务人民委员部工作人员，过去用四个月时间劝说他去暗杀，说这是党和国家的需要。参加过这次审判的列宁格勒检察官也事后自杀。

一份关于修改现行刑事诉讼法典的中央执行委员会决议急忙推出，声言要从速处理。审判机关不必有各方人士参加，不能因可能赦免而拖延判决之执行。

尼古拉耶夫指认了十三名季诺维也夫份子。12月28及29日最高法院军事法庭审理，受审者共十四人。这些被告全部在判决宣布一小时后枪决，一切按照斯大林指定的细节进行。开庭前一天还组织各地劳动者纷纷集会。

约一年后内务人民委员部在亚戈达领导下，抓获了一批以季诺维也夫、加米涅夫为首的反革命集团，逮捕了七十七人。先判不同期限的监禁，后来全判死刑。

但突然传来的新闻竟是亚戈达本人参与谋杀基洛夫，他承认是以推翻苏维埃政权为目的之托洛茨基集团的领导人，他招供他建议当时任列宁格勒内务人民委员局副局长的扎波罗热茨，不要阻挠对基洛夫的恐怖活动。亚戈达的秘书又作供说扎波罗热茨制造车祸使鲍里索夫送命。

亚戈达于1938年3月15日被处决，该日共有十七人被判极刑，包括布哈林和李可夫。

斯大林定下的调子是凶手根据"莫斯科中心"的季诺维也夫的指示进行。另外一个"托洛茨基·季诺维也夫中心"，从国外获取托洛茨基对基洛夫进行恐怖行动的指

◎ 基洛夫画像

◎ 基洛夫纪念馆（4楼）

示，以后亚戈达将指示交给亲信扎波罗热茨。尼古拉耶夫这个刚被开除出党、解除工作的人，就被物色为暗杀者。

　　根据《大英百科全书》及1956年赫鲁晓夫的秘密报告中称，斯大林本人发动了对基洛夫的行刺。

　　让我们回顾当年的历史情况。1934年初苏共十七大期间，北高加

◎ 二楼墙上的基洛夫浮雕

◎ 基洛夫的书房

索党组织的一位领导人，会见了列宁格勒党组织书记基洛夫。他对基洛夫说，老党员希望有一位较得体的人取代斯大林。"我们那里的同志认为，你应该当总书记。"以后基洛夫将这些对斯大林讲了。又据说一些中央委员在奥尔忠尼启则家中秘密举行会议，讨论撤换斯大林。基洛夫在人民中日益增长的威望，一定程度上激怒了政治局委员们和斯大林本人。

1960年苏共中央主席团成立基洛夫被害情况调查委员会。

1988年6月13日苏联最高法院查明，"莫斯科中心"和列宁格勒的"托洛茨基·季诺维也夫中心"都未存在过。1990年苏联检察长取消1934年12月无辜被处决的十三人的非法判决书，对尼古拉耶夫的判决不变。

从客观上证实斯大林和内务人民委员部参与谋杀基洛夫的材料，至今未被发现。只能说是斯大林利用基洛夫被杀一事，借题发挥，大举整肃。

基洛夫纪念馆所在的大楼，十月革命前是俄罗斯保险公司，以后为苏维埃政权所有。基洛夫当时是列宁格勒的首要人物，在四楼住了八年，直至1934年12月1日去世。

现在四楼为纪念馆，五楼为纪念馆办公室。

2001年时笔者到此造访，当时展出多幅基洛夫与斯大林一起在工地，以及共同设计建设蓝图的油画。2007年再去时多不见了。

他的办公室里，当年挂着列宁、斯大林的画像。这次增添了一幅巨大的马克思画像。基洛夫的办公桌在斯大林画像下，那是当年工人阶级给他的礼物。桌上放着四部电话。

他藏书丰富，数以千计。包括政治、军事、经济、商业、工业、农业等书籍及杂志，以及农业科学、应用

◎ 基洛夫的办公桌

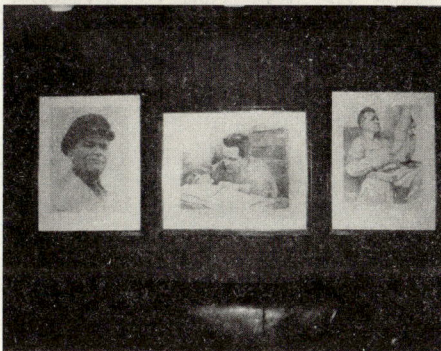

◎ 基洛夫画像

科学、电影、艺术、音乐、狩猎等书。略一浏览，即见到普希金和托尔斯泰作品、A.托尔斯泰的《彼得大帝传》、斯宾诺莎和费希特的哲学书、卡拉姆辛的历史学著作、《西方国家革命史》等。

他每晚十一时回来，还要看书、写报告、回信。

大书桌旁是与布哈林、奥尔忠尼启则的合影。

2004年起增展了寝室和厨房。寝室中他与三个子女的小铜像栩栩如生。

◎ 斯大林将《列宁与列宁主义》送给基洛夫

　　2001年纪念馆的小册子上，有幅画是"斯大林将《列宁与列宁主义》送给基洛夫。"画上方为书的扉页，斯大林写着："作者赠给我的朋友和亲爱的兄弟于1924年5月23日"

　　他的为子弹射穿的帽子仍然展出，唯对谋杀一事，一字不提。

旅游资料

基洛夫纪念馆（圣彼得堡）

· 地　　　址：Kamennostrovsky Prospect　26/28　4楼
· 开放时间：11：00 － 17：00
　　　　　　星期三闭馆
· 交　　　通：近地铁站Petrogradyskaya

附录

揭露纳粹的滔天罪行

——踏访布痕瓦尔德集中营

纳粹大搜捕后德国建立最初一批集中营，因希特勒1933年寻求权力一致，多未长期存留下未。二十世纪三十年代后半期，新的大集中营开始崛起，形成网络。不仅在德国，也在其他占领国。

布痕瓦尔德营（Buchenwald Camp）位于埃透斯堡山（Ettersberg），在魏玛北部八公里，自歌德时代起为魏玛居民的旅游胜地。青山及郁郁森林，令其风景优美。1937年在此建立集中营。选址的原因为：（1）近图林根（Thuringen）的首府魏玛；（2）附近可采得黏土和石块；（3）纳粹党地区头头想在魏玛建立一个党卫队的大分遣队。

建立此集中营时，党卫队对人及对自然，都毫不仁慈。

开始时收容149人，1937年8月超过1000人。1938年初多达2500人.他们建造营房、司令官住所及他们自己的悲惨安身处，要苦干至夜间。一开始囚犯中即包括政治反对派（对

◎集中营大门（波兰囚犯所画）

国社党而言）、惯犯及耶和华见证人（Johovah'switnesses耶稣教一个支派）。1938年数以千计的人被送来，包括长期罪犯、流浪者、社会不良分子、同性恋者。1938年盖世太保从德、奥送13000名犹太人来营。这些都是于夏、秋及11月反犹太人运动后被捕的。上百的吉卜赛人也在被捕者中。

所有在德国的集中营中，这里囚犯人数增长最多。1939年9月及10月，8463名囚犯被送抵。他们来自波兰、奥地利、德国中部的盖世太保办事处，及达豪（近慕尼黑）集中营。大规模抵达引起痢疾大流行，隔离使不少人饥寒死去，第一个火葬场此时建立。1940年下半年起又送来荷兰的犹太人。以后战争持续，几乎每个国家的人都会被送来。魏玛至集中营的铁路，1943年只用了4个月时间即建成。很快车站上挤满了其他集中营疏散来的奄奄一息的囚犯。1944年9月，囚犯总数达84505人，成为强迫劳动力的来源，大量人员被派去各地及德国大公司劳动。其时集中营占地190公顷，为其规模最大之时。

人们被关进集中营后，非但财物交存，一切有关他的个性及外形均丧失，头发被剃去，人们以不同颜色的三角形纤维布区别，他们的名字、职业和社会地位均丧失。扣留的目的是要抹去一个人的人格和希望。折磨的方法包括饥饿、拷打及杀害，死亡无处不在。一位幸存者写道："去死是囚犯的最后职责。"

党卫队建立可怕的制度：早晚点名。在集中营附近的石矿上，无限制的暴力、酷刑、射杀、绞刑展示于公众。犹太人、吉卜赛人、同性恋及以后送来的苏联战俘，时刻处于被杀的危险中。在当年"马房"附近大规模枪杀俄国战俘时，墙上有孔，持枪者与被杀者不见面。8000名俄国战俘死于此地。

犹太人集中于特别区。严峻的强迫劳动、厕所清洁、抬尸体……不少著名的艺术家、科学家、政治家、教师、医生，都是反犹迫害中的受害者。11000名犹太人被害，至少7000人在1945年头几个月被杀。

瞭望塔周围的电网长约三公里，设置了二十二个瞭望台。每处有三名哨兵，有权不警告而开枪，数百人被射杀。党卫队为集中营的军事支柱，1937年底有1617名，以后增至3000多名。

◎ 今日的集中营大门

污浊的住地，缺乏卫生设施和水。每天工作长达14-18小时。该地区又严寒，囚犯衣衫不足。许多人在户外工作时冻伤，以致要截肢。营中发生过三十五种流行病，1944年曾报道以伤寒疫苗进行实验，1100人受害。

　　当时德国的政治犯与其他囚犯相比，有特殊的地位。由德国囚犯特别是德共党员组成国际性抵抗组织。以后十个欧洲国家参加，甚至秘密弄到武器。早在1938年即有年轻人送来后被处死，1939年起抵抗组织成功地说服党卫队训练这些年轻人，给以轻工作。1943年7月送来的160名年青人来自俄罗斯及乌克兰，1944年送来的犹太人及波兰儿童，都得以活下来。1943年奥、德籍在军火库工作者曾偷出手枪，偷运给抵抗组织。1944年43名英、加军队及法国抵抗组织的联络官员被送来，于火葬场地窖内被吊死。营中抵抗力量救下三名。

　　奥地利司法部长温特斯泰因博士（Rudolf Winterstein）1940年被枪杀。德共领袖台尔曼（Ernst Thalmann）1944年在焚化炉入口处被处决。

◎ 绞刑架

◎ "歌德橡树"

　　1944年7月20日参与反对希特勒的"阴谋者"之家属也囚在此营。

　　匈牙利作家凯尔泰斯·伊姆雷在2000年获得诺贝尔文学奖的演说中称，在演讲前一天，他收到布痕瓦尔德集中营纪念馆馆长沃克哈德·克尼格博士的贺词，还附有一个小信封，内装一张1945年2月18日犯人的一张日志复印件。在"死亡"一栏中写着"64921号犯人凯尔泰斯·伊姆雷生于1927年、犹太人、工人"。

　　1944年8月盟军对军火工厂及党卫军兵营轰炸，损坏了许多营外建筑物，意味着集中营末日即将来临。当盟军前沿部队于1945年4月初到达时，大约48000名囚犯挤于40公顷的囚房中。属于国际抵抗组织的政治犯们，并不被动等待盟军到来。他们占领大门和水塔，逮捕分散的党卫队员。囚犯组织的反抗队伍，挥动白旗以示党卫队员已逃走。保卫营房两天后，美国第三军到达，此时营内尚有21000人，大钟指着3:15，即为他们重获自由之时。为追悼51000遇害者之葬礼于4月19日举行。幸存者所致悼词为政治犯们所作，以俄、波兰、捷克、英、法、德文宣读。

在最后生还者离开后四周，这里再次成为集中营，长达四年半，称为第二号集中营，建成于1945年8月，包括十个帐篷及三个牢房，用来关押苏联占领军在德国拘捕及在苏占区苏联秘密机构拘捕的人。

在战争结束前，盟国领袖签署的会议备忘录中写着："纳粹党头子、纳粹有影响的跟随者、纳粹办公室和机构的头头及对任何占领区有危险者，均需拘留或逮捕。"但拘捕之执行由有关占领区领导的认识和性格所决定，而不论附加的法律及指令，反纳粹政策以斯大林方式进行，扭曲了苏区的非纳粹化过程。图林根于1945年7月为苏军接管，拘留人数由8月的1392人增至年底的6000人。包括纳粹党内低、中层官员、希特勒青年团领导、党卫队员及军官，其中大部分为揭发而逮捕。

营中没有拘留的最低生活标准，过度拥挤，寒冷无寒衣，营养不良，结核病流行，不能会见亲友，也没有认真定罪。

根据苏联官方报告，1945-1950年122671名被拘禁者中，42899人去世于此，其中756人被处决。1948年7、8月释放最多，达9250人，多为政府或法西斯党低级官员，4268人仍被拘禁。1950年1月16日撤销，2415人根据东德法律受审，其他人释放。

集中营大门楼是1937年囚犯所建，远处即见到一座深棕色岗楼，当年每天囚犯走到这里如同走向鬼门关。党卫队决定该日工作多久，以及多少人可生还。正门只容一部卡车通过。两旁是高墙和铁丝网，走进去后见到七、八个足球场大的荒地。当年密集的以木板搭成的囚笼，而今只露出长短不等的断桩。

当年集中营司令部、政治部和军营大部分均毁于1944年8月的空袭，只有部分长官办公室及狗房保存下来。

一棵老橡树在囚犯厨房及兵营洗衣房旁，是在建营清理时保留下来的，并非对歌德与斯坦茵夫人在此树下同坐的回忆。囚犯在坚贞的歌德橡树旁见到，犹如在外面的世界相遇。该树于1944年8月一次空袭中受损。

一块简朴的碑石，提醒参观者在此被杀害的波兰人达八千人之多。沿墙一排丑陋的水泥平房，当年是刑讯室、三座焚尸炉和白瓷砖砌成的尸体解剖台。

当年的管理处现在是纪念馆和展览厅。水泥建成的三层楼，展出三万件展品，陈列着无数不知名者的带囚号的胸章、蓝白色直条囚衣、手表、从口中敲下的金牙、医疗手册上以活人做实验的记录……也可见到木头棋子、破旧纸牌、两根铁线扭制的乐器……显示了奄奄一息时的生活情趣。

入口大厅不停地放映当年的录像，展出了无数照片：希特勒的嚎

◎ 布痕瓦尔德集中营纪念碑

叫、呆若木鸡的囚犯、体罚、挖壕、扛木、筑路……

笔者去参观时遇到数以百计的中学生。他们认真地边观察展出物，边进行思索。这个民族是有希望的，不禁使人想起施密特总理于1970年跪在波兰的犹太人墓前。这与日本政界人物不断参拜靖国神社，真有天壤之别。

布痕瓦尔德的巨大纪念碑位于埃透斯堡山南部，距集中营一公里，位于三千名被枪杀者的墓地。生还者于1946年自由典礼上表示要建立纪念碑，纪念恐怖主义下的死难者。1949年9月11日图林根州长在动工礼上称之为光荣之战场（Field of Honour）。1954年正式动工，四年后竣工。

旅游资料

布痕瓦尔德纪念馆（魏玛Weimar附近）

· 地　　址：Kamennostrovsky Prospect　26/28　4楼
· 开放时间：5月1日至9月30日9:45–18:00
　　　　　　10月1日至4月30日8:45–17:00
· 交　　通：从魏玛市中心或火车站坐6号公共汽车至终点站

图书在版编目（CIP）数据

世界文化名人故居巡礼／胡志翔 著.— 南昌：百花洲
文艺出版社，2012.7
ISBN 978-7-5500-0203-6

Ⅰ.①世… Ⅱ.①胡… Ⅲ.①名人－故居－介绍－世界
Ⅳ.①K868.2

中国版本图书馆CIP数据核字（2012）第150490号

世界文化名人故居巡礼

胡志翔 著

策　　划	赵东亮
出 版 人	姚雪雪
责任编辑	余　芷
美术编辑	方　方
制　　作	马　赟
出版发行	百花洲文艺出版社
社　　址	南昌市阳明路310号
邮　　编	330008
经　　销	全国新华书店
印　　刷	南昌市红星印刷有限公司
开　　本	720mm×1000mm　1/16　印张　14.25
版　　次	2012年8月第1版第1次印刷
字　　数	185千字
书　　号	ISBN 978-7-5500-0203-6
定　　价	29.00元

赣版权登字 05-2012-62

邮购联系　　0791-86894736　　邮编 330008
网　　址　　http://www.bhzwy.com
图书若有印装错误，影响阅读，可向承印厂联系调换。